Campus

Gesamtkurs
Latein

Ausgabe A

Prüfungen 2

Zu den Lektionen 16–30

C.C.BUCHNER

Campus

Gesamtkurs Latein. Ausgabe A
Prüfungen 2
Zu den Lektionen 16–30

Herausgegeben von Christian Zitzl, Clement Utz und Andrea Kammerer

Prüfungen 2 wurde bearbeitet von Johanna Butz, Johannes Fuchs, Elisabeth Kattler, Birgit Korda, Christl Lobe, Sabine Rumpler und Christian Zitzl.

BAMBERGER WORTSCHATZ

1. Auflage, 3. Druck 2021
Alle Drucke dieser Auflage sind, weil unverändert, nebeneinander benutzbar.

Lektorat: Bernd Weber
Satz und Gestaltung: mgo360 GmbH & Co. KG, Bamberg / Ines Müller, Bamberg
Druck und Bindung: Pustet, Regensburg

www.ccbuchner.de

ISBN 978-3-7661-**7947**-0

Vor den Preis – das heißt in der Schule bestmögliche Noten – haben die Götter den Fleiß gesetzt. Also solltest du rechtzeitig vor einer Klassenarbeit mit der Wiederholung des Wortschatzes und des Grammatikstoffes beginnen und diesen dann zielgerichtet einüben.

Um dies möglichst effektiv zu tun, kann dir dieses Heft nützliche Dienste leisten. Denn die darin versammelten Prüfungsaufgaben bieten dir vielfältige Übungsmöglichkeiten, um deine Grammatik- und Wortschatzkenntnisse zu überprüfen.

Sechzehn Prüfungsarbeiten sind wie zweigeteilte Klassenarbeiten aufgebaut und bestehen aus einem lateinisch-deutschen Übersetzungsteil und einem Aufgabenteil, bei dem du sowohl deine Sprachkenntnisse als auch dein Sachwissen unter Beweis stellen kannst. Zehn Prüfungsarbeiten bestehen aus einem reinen Übersetzungstext.

Beachte dabei, dass die Texte zum Teil „Überlänge" haben, also länger als eine normale Klassenarbeit sind. Aber zu Übungszwecken darf es manchmal ruhig ein bisschen mehr sein – dann brauchst du bei kürzeren Texten keine Angst zu haben, dass dich die Konzentration verlässt.

Welche Lektion du zur Bearbeitung der Prüfungsarbeiten mindestens erreicht haben musst, ist jeweils unten auf der Seite angegeben. Da die Prüfungen gezielt Wortschatz und Grammatik der in der Fußzeile genannten Lektion überprüfen, wirst du im Begleitband zu dieser Lektion genau das finden, was dir fehlt.

Ein Hinweis noch: Der dem Heft beigegebene Lösungsteil soll dir oder deinen Eltern als Korrekturhilfe, nicht als Vorlage zum Abschreiben dienen. Nur so kann dir nämlich die Arbeit mit diesem Heft helfen, dich auf deine Klassenarbeiten bestmöglich vorzubereiten. Denn das dafür nötige Glück, hat auf Dauer nur der / die Tüchtige.

Mögen es in diesem Sinne die Götter gut für dich wenden!

INHALT

A Mord in der Kleinstadt

Zwei Boten (A und B) kommen nach Rom und melden dem Polizeichef (C) einen schlimmen Vorfall:

1. A: „In oppido nostro ingens scelus accidit.
2. Nocte fures dominum divitem occiderunt et pecuniam eius rapuerunt."
3. B: „Homines dicunt se numquam crimen tam crudele vidisse."
4. A: „Sacerdotes auxilium deorum precibus petiverunt sacrumque fecerunt, quia res adversas et perniciem oppidi timebant."
5. B: „Constat servos corpus viri prima luce post domum invenisse.
6. Servi contendunt se non solum quattuor vulnera in capite et ore, sed etiam septem vulnera in pectore vidisse.
7. Narrant flagitium omnes perterruisse.
8. Familia infelix iterum atque iterum confirmavit se dominum bonum amisisse."
9. C: „Quis autem hoc crimen malum fecit? Quot scelerati fuerunt?
10. Duo, tres, quinque? Potueruntne capi?"
11. A: „Illi trans[1] moenia ad oram fugerunt.
12. Suspicionem habeo ventos secundos ab illis exspectari.
13. Tum nave celeri mare petent."

[1] trāns *Präp. m. Akk.* über

Zusätzliche Aufgaben

1. Erkläre die folgenden Fremdwörter. Gib dabei jeweils das lateinische Ursprungswort an, das diesen Fremdwörtern zugrunde liegt, z. B.: Autor ~ Verfasser (auctor): (3 BE)

a) Nummer

b) Domizil

c) Pedal

2. Ersetze die folgenden Substantive durch die jeweils entsprechende Form von animal: (4 BE)

a) libro
c) fabularum

b) auctores
d) memoriam

3. Setze die folgenden Verben in die jeweils angegebene Form des Futur I Passiv: (5 BE)

a) audire (1. Pers. Sg.)

b) vocare (2. Pers. Sg.)

c) ducere (1. Pers. Pl.)

d) terrere (3. Pers. Pl.)

e) capere (2. Pers. Pl.)

4. Nenne die drei Herrschaftsabzeichen, die die Römer von den Etruskern übernommen haben. (3 BE)

5. Setze die Substantive in der passenden Form so ein, dass ein sinnvoller Satz entsteht: (3 BE)
navis, turris, mare

De [?] miles [?] altum videt.
Ibi multas [?] aspicit.

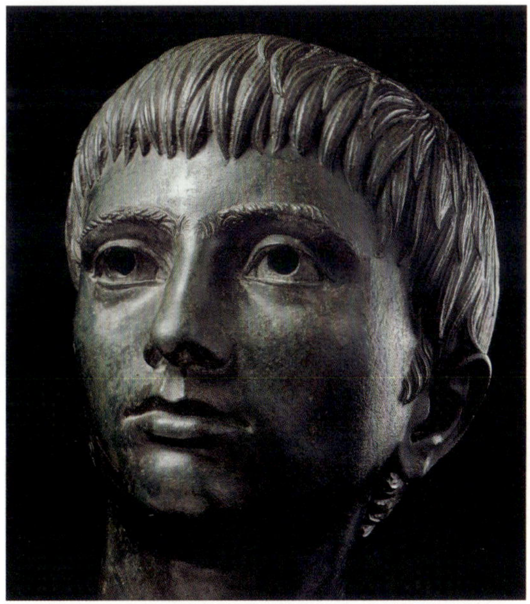

Kopf eines etruskischen Jungen.
Bronze. 3. Jh. v. Chr. Florenz, Museo Archeologico.

Herkules und Cacus

Der römische Schriftsteller Livius erzählt Folgendes über den Aufenthalt des Herkules in der Gegend Roms:

1. Antiquis temporibus multitudo taurorum[1] pulchrorum ab Hercule in regionem Romanam agebatur.
2. Ibi tum vir malus habitabat, cui nomen Cacus erat.
3. Hic, postquam tauros[1] aspexit, consilium cepit nonnullos ex eis rapere.
4. Nocte igitur, dum Hercules dormit[2], tria vel quattuor animalia a Caco deducebantur et in spelunca[3] condebantur.
5. Postero[4] die Hercules prima luce excitatur; iam regionem relinquere vult, cum nonnullos tauros deesse animadvertit.
6. Animalia ab illo diu quaeruntur; denique voces eorum audit et omnes cum fure inveniuntur.
7. Hic ab illo statim manibus fortibus capitur et pugna acri interficitur.

Der Riese Cacus, von Herkules besiegt. Detail einer Marmorplatik von Baccio Bandinelli. 1534. Florenz, Piazza della Signoria.

[1] taurus Stier
[2] dormīre schlafen
[3] spēlunca Höhle
[4] posterus, a, um der folgende

Gladiatorenkämpfe

Ein römischer Philosoph kritisiert das Mittagsprogramm im Kolosseum:

1. Iam novi gladiatores a turba exspectabantur. Erant viginti scelerati,
quos iudices criminis damnaverant.

2. Dum gladiatores arenam intrant, totum amphitheatrum ingenti clamore populi,
qui mortem certam eorum exspectabat, completum est.

3. Paulo post magno horrore[1] captus sum,
cum animum crudelem populi animadverti.

4. Quamquam a me quoque mors sceleratorum semper probata est,
tamen laetitiam hominum, quam conspectus caedis[2] crudelis efficit[3], reprehendo.

5. Nam scio pugnas gladiatorum apud veteres inventas esse,
quia existimabant mortuos sanguine hominis delectari.

6. Apud nos autem video homines interfici, quod oculi eorum,
qui vivunt, morte crudeli tantum delectantur. O tempora, o mores!

[1] horror, ōris *m*
Entsetzen

[2] caedēs, caedis *f*
Blutbad

[3] efficere, efficiō
hervorrufen, bewirken

A

Jupiter und Io

Io hatte gerade ihren Vater, den Flussgott Inachus, besucht …

1. Io puella circiter viginti annorum erat.
2. Illa, dum a patre domum[1] redit, a Iove visa est.
3. Hic statim amore captus ad puellam adiit et dixit:
4. „Gaude, virgo! Tu enim summo deo places. Mecum in umbram silvarum veni!"
5. Io his verbis territa sine mora Iovem fugit.
6. At deus puellam timore motam a fuga prohibuit.
7. Interea[2] Iuppiter a Iunone quaesitus, sed inventus non est.
8. Itaque Iuno ira acri mota – nam saepe a marito laesa[3] erat – ad terram tenebris conditam descendit.
9. Iuppiter adhuc bono animo erat, cum subito uxorem aspexit …

Um nicht zusammen mit einer jungen Frau ertappt zu werden, verwandelte Zeus Io in eine Kuh. Juno entdeckte jedoch den Betrug und forderte die Kuh als Geschenk, was Zeus ihr nicht abschlagen konnte …

[1] domum *Adv.* nach Hause

[2] intereā *Adv.* unterdessen

[3] laesus, a, um *PPP zu* laedere

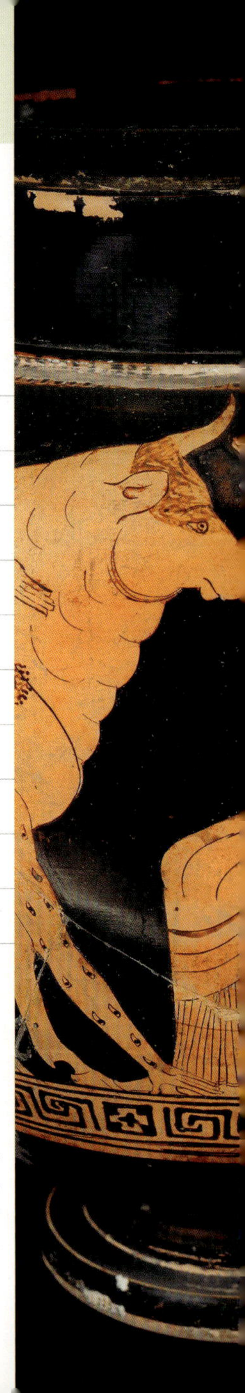

Zeus und Io. Griechische Vasenmalerei. 5. Jh. v. Chr. Wien, Kunsthistorisches Museum.

Zusätzliche Aufgaben

1. Bilde zu den folgenden Verbformen die entsprechende Perfektform: (4 BE)

a) ducimus   c) moneris
b) ridemini   d) damnatur

2. Setze die folgenden Verben in der richtigen Form des Plusquamperfekt Passiv ein: (4 BE)
instituere - dare - monere - capere

a) Fures a militibus [?].
b) Puellae a magistro [?].
c) Puer a patre [?].
d) Aqua equis [?].

3. Bilde den Infinitiv Präsens Aktiv zu den folgenden Partizipien: (2 BE)

a) ventum
b) missum
c) neglectum
d) solutum

4. Erkläre die folgenden Fremdwörter. Gib dabei jeweils das lateinische Ursprungswort an, das diesen Fremdwörtern zugrunde liegt, z. B.: Mutation ~ Veränderung (mutare): (2 BE)

a) Tortur
b) Tangente

5. Übersetze den Genitiv bzw. Ablativ der Beschaffenheit jeweils mit einem treffenden Adjektiv: (3 BE)

a) res eius modi
b) res parvi pretii
c) puella magno ingenio

6. Ergänze den folgenden Lückentext sinnvoll: (3 BE)
Die Griechen glaubten, dass [?] die Menschen aus Lehm geschaffen habe. Er stand ihnen stets zur Seite, was [?] nicht gefiel. Eines Tages raubte der Sohn des Titanen Japetos das [?] vom Himmel, um den Menschen das Leben zu erleichtern. Zur Strafe wurde er an einen Felsen im [?] gekettet. Täglich kam ein [?], der ihm die [?] aushackte, die nachts wieder nachwuchs.

A

Europa

König Agenor, Europas Vater, hat vom Unglück seiner Tochter erfahren, weiß aber nicht, dass Jupiter hinter der Tat steckt:

1. Agenor rex nescivit filiam a Iove raptam esse.
2. Itaque tribus filiis ad se vocatis dixit:
3. „Magno timore et dolore acri tortus vos arcessivi.
4. Nam amicae perterritae sororis vestrae mihi hoc narraverunt:
5. ‚Taurus in litore visus ab Europa tactus est,
   quia forma pulchra et natura placida[1] erat.
6. Sed subito virgo ab illo tauro in mare altum portata est.‘“
7. Haec verba vix audita erant, cum Cadmus[2] clamavit:
8. „Bono animo es, pater! Nisi a deis prohibitus ero,
   sororem a nobis maxime amatam inveniam.
9. Filiam de patria deductam mox ad te reducam.“

[1] placidus, a, um
friedlich

[2] Cadmus
Kadmos (Bruder der Europa)

Zusätzliche Aufgaben

B

1. Gib das PPP zu folgenden Verben an: (4 BE)
a) reprehendere b) mittere c) accipere
d) solvere e) rapere f) statuere g) colere
h) tangere

2. Beachte den Satzzusammenhang, übersetze aber jeweils nur die Partizipialkonstruktion wie verlangt: (4 BE)
a) Iulia timore mota tamen non discessit.
→ Adverbialsatz
→ Präpositionalausdruck
b) Iulius amore adductus hoc dixit.
→ Adverbialsatz
→ Präpositionalausdruck

Rik Poot:
Der Raub der Europa.
1999.

3. Nenne jeweils das lateinische Ursprungswort und gib an, was das Fremdwort im Zusammenhang bedeutet: (5 BE)
a) „Ich bin insolvent."
b) „Da packte mich ein vehementer Zorn."
c) „Das habe ich nicht kapiert."
d) „Diese Aktion war nicht ganz legal."
e) „Er hat eine gute Konstitution."

4. Markiere in den folgenden Sätzen jeweils den Fehler und verbessere ihn. (5 BE)
a) Dädalus musste aus Kreta fliehen, weil er seinen Neffen ermordet hatte.
b) Niobe verwandelte sich aus Trauer über den Tod ihrer Kinder in einen Fluss.
c) Herkules eilte zum Atlasgebirge, um Prometheus zu befreien.
d) Zeus verwandelte sich in einen Adler und entführte Europa.
e) Theseus konnte mithilfe von Medea den Minotaurus besiegen.

Die Verwandlung der Daphne

Der Gott Apoll ist in die Nymphe Daphne verliebt und verfolgt sie. Sie jedoch will weiterhin unverheiratet ihre Freiheit genießen und flieht vor ihm ...

1. Daphne[1] Apollinem timuit. Magno metu adducta Apollinem fugit et pedibus celeribus per silvam cucurrit.

2. Iam deus tergum virginis fugientis manibus capere potuit, cum virgo desperans auxilium patris, dei potentis, petivit.

3. Vix verba filiae territae dicta erant, cum pater ipse magnis precibus motus eam arborem[2] reddidit.

4. Primo caput puellae, deinde umeri, tum pedes, denique omnes partes corporis in partes arboris mutatae sunt.

5. Apollo autem novo conspectu virginis amatae motus, dum corpus et pectus puellae mutatae tangit, dixit:

6. „Etsi uxor mea esse non potes, arbor[2] eris certe mea.

7. Semper foliis[3] tuis me ipsum et duces Romanos ornabis.“

Ab diesem Zeitpunkt war der Lorbeerbaum, in den sich Daphne verwandelt hatte und aus dessen Blättern Kränze geflochten wurden, dem Gott Apoll geweiht.

[1] Daphnē, Daphnēs *f*
Daphne

[2] arbor, arboris *f*
Baum

[3] folium
Blatt

Der Raub der Proserpina

1. Proserpina filia Iovis et Cereris[1] fuit.
2. Iuppiter ipse Plutoni, fratri suo, dixerat: „Licet tibi, frater care, Proserpinam[2] uxorem ducere." Itaque haec accidit:
3. Dum Proserpina in silvis Siciliae flores carpit[3], terra aperta est.
4. Pluto e terra exiens Proserpinam rapuit puellamque iterum atque iterum matrem vocantem secum in Tartarum deduxit.
5. Ibi puella flens neque cenare neque bibere voluit. Pluto vultu tristi puellae commotus voluntatem eius flectere temptavit haec dicens:
6. „Omitte timorem, Proserpina. Neque enim te servam, sed coniugem meam faciam."
7. Ceres autem, dum haec in Tartaro aguntur, magnis curis sollicitata filiam quaerere coepit.
8. Nam condicionem[4] a fratribus constitutam nescivit.

[1] Cerēs, Cereris *f* Ceres

[2] Proserpina Proserpina

[3] flōrēs carpere Blumen pflücken

[4] condiciō, ōnis *f* *hier:* Heiratsvertrag

A

Die Rache der Ceres

Ceres weiß nicht, dass ihre Tochter Proserpina von Pluto geraubt wurde. Verzweifelt macht sie sich auf die Suche nach ihr, kann sie aber nirgends finden.

1. Ceres[1] summis curis sollicitata septem dies noctesque nihil cenans, nihil bibens per terras erravit.
2. Tandem Hecate[2] deam desperatam convenit eamque ad Solem[3] deum omnia videntem duxit.
3. A Cerere interrogatus Sol narravit Proserpinam a Plutone raptam deo ipsi nupsisse et nunc cum eo inferis imperare.
4. Praeterea[4] Cereri aperuit hoc Plutoni a Iove ipso concessum esse.
5. Statim Ceres magna ira mota se in templo suo condidit.
6. Nam comprehenderat illos se fefellisse.
7. Mox non solum frumentum, sed omnia ad vitam necessaria hominibus deerant.

[1] Cerēs, Cereris *f* Ceres

[2] Hecatē, Hecatēs *f* Hekate (Göttin der Jagd, der Wege und der Zauberei)

[3] Sōl, Sōlis *m* *hier:* Sol (der Sonnengott)

[4] praetereā *Adv.* außerdem

Zusätzliche Aufgaben

1. Suche alle Partizipialformen heraus und nenne den dazugehörenden Infinitiv Präsens Aktiv: (4 BE)
repetiti - vina - petentibus - ignis - modi - redeuntes - relictis - superos - ingentis

2. Setze die passende Form des PPP ein: (3 BE)
a) Europa magno timore (movere) flebat.
b) Amici cenam a servis (parare) laudabant.
c) Cives nuntios ad senatum (mittere) audiverunt.

3. Verbinde zwei Sätze sinnvoll zu einem: (6 BE)
a) Servus a magistro laudatus est.
Servus ridet.
b) Puellam videmus.
Puella ab amico exspectata est.
c) Liber raptus est.
Liber denique inventus est.

4. Stelle sinnvolle Paare zusammen: (3 BE)
A) Orpheus B) Dädalus C) Europa
D) Proserpina E) Apollo F) Herkules

1. Latona 2. Pluto 3. Ikarus
4. Prometheus 5. Jupiter 6. Eurydike

5. Wähle die richtige Übersetzung aus: (2 BE)
Milites multos annos bella gerentes patriam desiderabant.

a) Obwohl die Soldaten sich viele Jahre nach der Heimat sehnten, führten sie Kriege.
b) Die Soldaten führten viele Jahre in der Heimat Kriege.
c) Weil die Soldaten viele Jahre Kriege führten, sehnten sie sich nach der Heimat.

William Henry Rinehart: Latona und ihre Kinder. 1874. New York, Metropolitan Museum of Art.

A

Die Rückkehr der Proserpina

Weil sich Ceres, die Göttin der Fruchtbarkeit, wegen der Entführung ihrer Tochter Proserpina wütend in ihren Tempel zurückgezogen hatte, brachten die Äcker kein Getreide und keine Früchte mehr hervor.

1. Quia Ceres[1] agris non iam consulebat, hominibus frumentum deerat.
2. Itaque Iuppiter perniciem non solum hominum, sed etiam deorum providens nuntium iussit Cererem adire.
3. At eius animus flecti non poterat.
4. Porro[2] ira mota Ceres omnibus precibus restitit haec dicens:
5. „Quemadmodum Iuppiter antea curas meas neglexit, sic ego nunc eius preces neglego.
6. Deis hominibusque non parcam, priusquam filiam mihi reddiderit."

Der Göttervater begriff, dass weiteres Unheil nur durch einen Kompromiss abgewendet werden konnte:

7. Denique Iuppiter et Cererem et Plutonem et Proserpinam iuvit.
8. Constituit enim hoc: „Proserpinae licet vere[3] ac aestate apud matrem vivere, sed autumno[4] ac hieme[5] eandem ad maritum redire oportet."

[1] Cerēs, Cereris *f* Ceres

[2] porrō *Adv.* weiterhin

[3] vēr, vēris *n* Frühling

[4] autumnus Herbst

[5] hiems, hiemis *f* Winter

Zusätzliche Aufgaben

B

1. Übersetze: (4 BE)

a) so viele … wie
b) so groß … wie
c) derselbe … wie
d) so beschaffen … wie

2. Übersetze die folgenden Verben treffend. Orientiere dich dabei an den Objekten: (5 BE)

a) e mercatore pretium quaerere
b) deos consulere
c) civibus providere
d) militibus praeesse
e) modo crudeli in cives consulere

3. PPA oder PPP? Ergänze jeweils das passende Partizip: (6 BE)

a) Graeci Troianos (temptare) paene desperaverunt.
b) Graeci multos Troianos (capere) interfecerunt.
c) Quis Orpheum ad uxorem (respicere) reprehendet?
d) Orpheus uxorem a Plutone (reddere) iterum amisit.

4. Setze die richtigen Namen ein: (3 BE)

Der Eingang zur Unterwelt wurde von einem dreiköpfigen Höllenhund, dem [?], bewacht, damit keiner von dort zurückkehren konnte. Dennoch gelang es zwei Gestalten des Mythos, die du in den letzten Lektionen kennengelernt hast, wieder aus der Unterwelt zurückzukehren. Sie hießen [?] und [?].

Der dreiköpfige Höllenhund.
Französische Buchmalerei aus dem 15. Jh.

Die Verwandlung der lykischen Bauern

Die Göttin Latona kam der Sage nach im Hochsommer mit ihren Kindern zu einem Teich, um Wasser zu trinken. Doch ...

1. Quamquam Latona ab agricolis[1] aquam petiverat, ii deam bibere vetuerunt.
2. Immo eam verbis malis violantes pedibus manibusque lacum[2] turbabant.
3. Itaque dea ira mota dixit: „Vobis crimini do, quod vobis curae non fuimus.
4. Nam matrem vos obsecrantem non iuvistis, liberis auxilio non venistis.
5. Ego igitur, quam reppulistis, vobis perniciei ero!
6. Video vos in aqua vivere velle. Ergo id, quod vultis, efficiam."
7. Vix Latona haec dixerat, cum viri acerbi in ranas[3] mutati sunt.
8. Iuvat eos esse sub undis; et quamquam sunt sub aqua, sub aqua maledicere[4] temptant.

Giulio Carpioni: Die lykischen Bauern. Ausschnitt. 17. Jh. Dresden, Gemäldegalerie Alte Meister.

[1] agricola *m* Bauer

[2] lacus, lacūs See, Teich

[3] rāna Frosch

[4] maledīcere lästern, schmähen

Narziss und Echo

1. Narcissus[1], iuvenis pulcher, animo superbo erat.
2. Quot iuvenes, quot puellae illum aspexerunt, tot amore capti sunt.
3. Sed nulli iuvenes, nullae puellae Narcissum se tantum amantem tetigerunt.
4. Ille enim neminem tam pulchrum quam se ipsum putans omnes amore suo indignos[2] existimavit.
5. In eadem regione etiam Echo vitam agebat.
6. Ea iuvenem aspexit et eodem amore quo omnes puellae capta est.
7. Statim vestigia Narcissi sequens[3] eum vocare voluit, sed non potuit.

Echo hatte nämlich einst mit ihrer Geschwätzigkeit die Göttin Juno erzürnt und war von dieser grausam bestraft worden: Sie konnte nur noch das wiederholen, was andere gesagt hatten.

8. Paulo post Narcissus se sonum audivisse putans dixit:
9. „Quis adest?“, et „adest“ repetivit Echo.
10. Postquam ille oculos in omnes partes vertit, magna voce clamavit: „Veni!“
11. Vocavit ea vocantem eodem modo, tum spe completa illum appetivit.
12. At ille fugit et virginem desperatam eisdem verbis malis reppulit, quibus omnes antea reppulerat.
13. Ea autem in silvis latens corpus amittit nulloque in monte videtur – auditur autem ab omnibus. Nam sonus est, qui vivit in illa.

[1] Narcissus Narziss

[2] indīgnus *m. Abl.* unwürdig (einer Sache)

[3] sequēns, sequentis *PPA* folgend

A

Regulus, ein wahrer Römer

Im Ersten Punischen Krieg erlitten die Römer nach anfänglichen Siegen, bei denen sie viele karthagische Kriegsgefangene gemacht hatten, im Jahr 255 v. Chr. eine vernichtende Niederlage. Doch ...

1. Poeni agmini Romano insidias parantes multos Romanos interfecerunt et reliquias copiarum cum Regulo[1] imperatore comprehenderunt.
2. Hac victoria adducti a senatu Romano postulaverunt, ut captivi sibi redderentur.
3. Itaque Regulum Romam[2] miserunt, ut de permutatione[3] captivorum et de condicionibus pacis cum senatu ageret.
4. Regulum enim virum honestum ducentes non timebant, ne is milites suos desereret.
5. Regulus autem senatoribus persuasit, ut precibus hostium resisterent.
6. Tum ipse ad Poenos, ut eis promiserat, rediit, quamquam senatus eum orabat, ne rediret.
7. Bene quidem scivit periculum esse, ne ibi occideretur.
8. At ei persuasum erat imperatoris Romani esse fidem datam servare.

[1] Rēgulus
Atilius Regulus
(röm. Feldherr und Konsul)

[2] Rōmam
nach Rom

[3] permūtātiō, ōnis *f*
Austausch

Zusätzliche Aufgaben

1. Bilde zu den folgenden Indikativformen den entsprechenden Konjunktiv: (4 BE)
a) obsecrabamini b) ducebant c) audiebas
d) debebatis

2. Bilde: (4 BE)
a) 3. Pers. Sg. Konj. Plusqpf. Pass. (occidere)
b) 2. Pers. Sg. Konj. Plusqpf. Akt. (postulare)
c) 3. Pers. Pl. Konj. Plusqpf. Pass. (expellere)
d) 1. Pers. Pl. Konj. Plusqpf. Akt. (superesse)

3. Übersetze jeweils nur die Subjunktion: (4 BE)
a) tacuissem, si
b) orabant, ut
c) postulavit, ne
d) dicerem, nisi

4. Übersetze: (3 BE)
a) nimium temporis
b) nihil novi
c) nemo vestrum

5. Ergänze den folgenden Lückentext sinnvoll: (3 BE)
Die Patrizier verpflichteten sich als Patrone, die Plebejer als ihre [?] zu schützen und zu unterstützen. Die Auseinandersetzungen zwischen den Plebejern und Patriziern während der frühen Republik werden als [?] bezeichnet. Am Ende dieser Auseinandersetzungen setzten die Plebejer eine schriftliche Fixierung des Rechts durch, das [?].

**Die Hinrichtung des Regulus.
Flämische Buchmalerei aus dem 15. Jh. Paris, Bibliothèque Nationale de France.**

Hannibal ante portas

1. Nonnulli Romani sic censuerunt:
2. „Si Hannibal Romam temptavisset, urbs praeda Poenorum fuisset.
3. Hannibal enim, cui Romani odio erant, magnis itineribus exercitum trans Alpes usque ad urbem duxerat.
4. Quia aciem nostram omnibus in proeliis vicerat, certe nos ex urbe expulisset, si eam temptavisset.
5. Nam nos calamitatibus belli confecti urbem defendere non potuissemus.
6. Quod periculum erat, ne omnes in servitutem abduceremur, Hannibalem orare tantum potuissemus, ut nobis victis parceret.“
7. At Romanos Hannibali neque obsides dare neque munera proponere oportuit.
8. Ille enim consilium cepit agmine in Campaniam procedere.
9. Sic victoria postremo Romanorum fuit.

Porträt Hannibals auf einer tunesischen Banknote von 2008.

Brief an Kaiser Trajan

C. Plinius Secundus, der Statthalter der Provinz Bithynien, wendet sich in einem Brief an Kaiser Trajan (98–117 n. Chr.). Darin fragt er den Kaiser, wie er mit anonymen Anzeigen gegen Christen in seiner Provinz umgehen soll.

1. Tu, domine, auxilio deorum gloriam imperii antiquam restituisti.
2. At mea in provincia cives quidam cultum deorum neglegunt.
3. Ergo cura imperii impulsus te rogo:
   Nonne necesse est in Christianos istos vi animadvertere?
4. Adhuc eos, qui occulte ad me tamquam Christiani indicabantur, protinus dimisi,
   ubi primum se Christianos esse negaverunt atque deis nostris sacra fecerunt.
5. Alii quoque, quamquam se Christianos esse dixerunt, tamen dimissi sunt,
   cum eadem sacra fecissent.
6. Postquam duas servas torqueri[1] iussi, nihil aliud inveni quam superstitionem[2] miram.
7. Itaque oro te, ut in ea re consilium mihi des.

Der Kaiser antwortet Plinius folgendermaßen:

8. Depone metum, mi[3] Secunde!
9. Omnia, quae a te gesta sunt, probo. Summam gratiam tibi tribuo.
10. Nisi indicati erunt, animadvertere in istos haud debebis.
11. Si indicati erunt, istos dimittes, ubi primum deis nostris sacra fecerunt.

[1] torquēre *hier:* foltern
[2] superstitiō, ōnis *f* der Aberglaube
[3] mī *Vok.* mein

A Kaiser Vespasian

Kaiser Nero hatte die Staatsfinanzen völlig zerrüttet. Sein Nachfolger Vespasian war sehr erfinderisch im Erschließen neuer Geldquellen. Er hatte sogar auf den menschlichen Urin, der von den Gerbern für die Lederherstellung benötigt wurde, eine Steuer erhoben.

1. Titus filius Vespasianum Caesarem reprehendebat,
   quod rei publicae pecuniam ex urina[1] paraverat.
2. Itaque Vespasianus ab illo quaesivit: „Num laederis odore[2] pecuniae?"
3. Cum ille negavisset, pater confirmavit: „Tamen ea pecunia ex urina est."
4. Cum civitates quaedam eidem statuam ponere in animo haberent,
   ipse ostendit nuntiis istarum civitatum manum et dixit: „Hic illam ponite!"
5. Ac ne in mortis quidem periculo Vespasianus desiit iocos[3] agere:
6. Nam sibi finem vitae adesse animadvertens dixit:
7. „Puto me in deum converti."
8. Cum tandem hora mortis adesset,
   non recubuit[4] existimans Caesarem stantem subire mortem oportere.
9. Dumque surgit, inter manus sublevantium[5] de vita cessit.

[1] ūrīna
Urin

[2] odor, ōris *m*
Geruch

[3] iocus
Scherz

[4] recumbere, recumbō, recubuī
sich hinlegen

[5] sublevāre
stützen

Zusätzliche Aufgaben

B

1. Bilde die folgenden Formen von quidam: (4 BE)
   a) Gen. Sg. *f*
   b) Akk. Sg. *m*
   c) Gen. Pl. *n*
   d) Nom. Pl. *f*

2. Gib an, ob jeweils ein Genitivus subiectivus, Genitivus obiectivus oder beides vorliegt, und übersetze: (6 BE)
   a) metus mortis
   b) amor patris
   c) timor liberorum
   d) finis vitae

3. Wie oder wann sagte es Kaiser Vespasian? Übersetze jeweils nur das Prädikativum: (4 BE)
   Imperator Vespasianus ... dixit pecuniam rei publicae deesse.
   a) primus c) iuvenis
   b) senex d) unus

4. Gib jeweils zwei lateinische Subjunktionen an, die die folgenden Adverbialsätze einleiten können: (4 BE)
   a) Kausalsatz c) Konzessivsatz
   b) Temporalsatz d) Konditionalsatz

Marmorbüste des Kaisers Vespasian (reg. 69–79 n. Chr.). Rom, Museo della Civiltà Romana.

A Sieg auf der ganzen Linie

Zu Beginn des 4. Jh.s n. Chr. teilten sich vier Kaiser die Macht, wobei zwei über den Osten, zwei über den Westen des Reiches herrschten. Im Westen waren das Konstantin und Maxentius. Während Konstantin in Trier residierte und dort das Reich gegen Einfälle feindlicher Germanen sicherte, residierte Maxentius in Rom. Beide wollten allerdings alleiniger Herrscher über den Westteil des Reiches werden. Als schließlich das Gerücht die Runde macht, Maxentius habe in Rom eine Schreckensherrschaft errichtet, sieht Konstantin seine Stunde gekommen ...

1. Constantinus Romam a Maxentio opprimi comppererat; itaque pace cum Germanis facta protinus in Italiam properavit, ut Maxentium temptaret.
2. Ea re nuntiata Maxentius moenia tuta urbis reliquit et proelium cum Constantino iniit.
3. Clade[1] accepta fugit sperans se hostem sibi instantem insidiis interficere posse.
4. Eam spem Maxentium fefellisse constat. Neque enim Constantinus, sed ipse copiis ad pontem Milvium[2] collocatis vitam in flumine amisit.
5. Paulo post Constantinus nullo resistente urbem intravit, ubi bello confecto ab omnibus magna laetitia salutabatur.
6. Omnibus comitibus convocatis, orationibus habitis, factis Constantini laudatis senatus populusque Constantino basilicam a Maxentio inceptam sacraverunt[3].

[1] clādēs, clādis *f* Niederlage

[2] vgl. Abb. auf S. 29

[3] sacrāre weihen

Zusätzliche Aufgaben

1. Vervollständige jeweils den Ablativus absolutus und übersetze: (6 BE)
   a) vere (inire)
   b) sole (occidere)
   c) consilio (capere)
   d) iniuria (accipere)

2. Übersetze den folgenden Satz mit a) Adverbialsatz, b) Präpositionalausdruck und c) Beiordnung: (6 BE)
   Hostibus victis urbs (tamen) tuta non erat.

3. Übersetze: (3 BE)
   a) Maxentio auctore
   b) Romulo rege
   c) matre praesente

4. Zeige an drei Beispielen auf, wie Konstantin das Christentum unterstützte. (3 BE)

Die Milvische Brücke (pons Milvius) vor den Toren Roms.

A

Ein Riesengeschenk

Der Leiter der von Karl dem Großen (Carolus Magnus) eingerichteten Pfalzschule unterrichtet seine Schüler über ein Geschenk des Kalifen (rex Persarum) Harun al-Rashid (Aaron) für Karl den Großen:

1. Carolo Magno imperatore nuntii multis cum donis ad regem Persarum missi sunt.
2. Ii Carolo auctore a rege petiverunt, ut Christianis liceret sepulcrum Iesu[1] adire.
3. Quibusdam aliud contendentibus rex tamen id non negavit.
4. Immo aditu[2] ad sepulcrum[1] concesso rex ipse nuntios cum munere miro ad Carolum Magnum misit.
5. Munus autem ingens elephantus nomine „Abul Abbas" fuit.
6. Hoc munere viso Carolus laetus nuntiis gratiam habuit et elephantum accepit.
7. Postea animal saepe secum duxit, ut potestatem suam demonstraret.
8. Abul Abbas autem in itinere quodam periit – Carolo adhuc vivo.

Eine der ältesten europäischen Darstellungen eine Elefanten. Romanisches Kapitell in der Klosterkirche von Perrecy-les-Forges (Frankreich). Um 1120.

[1] sepulcrum Iēsū das Grab Jesu (in dem von Muslimen eroberten Jerusalem)

[2] aditus, ūs *m* *Subst. zu* adīre

Zusätzliche Aufgaben

B

1. Übersetze: (2 BE)
a) Bonifatio praesente
b) deo duce

2. Verwandle die Nebensätze jeweils in einen Ablativus absolutus: (5 BE)
a) postquam ea res nuntiata est
b) cum haec verba dicta essent
c) dum sol occidit
d) quamquam bellum confectum est
e) cum ver iniit

3. Beachte den Satzzusammenhang, übersetze aber jeweils nur den Ablativus absolutus wie verlangt: (6 BE)
a) Hostibus repulsis urbs tamen tuta non erat.
→ Adverbialsatz
→ Präpositionalausdruck
b) Hostibus victis omnes milites laeti erant.
→ Adverbialsatz
→ Beiordnung
c) Hannibale imperatore Poeni in Italiam venerunt.
→ Präpositionalausdruck
→ Adverbialsatz

4. Nenne jeweils das lateinische Ursprungswort und gib an, was das Fremdwort im Zusammenhang bedeutet: (5 BE)
a) „Durch ein Dekret des Kaisers wurde das Christentum Staatsreligion."
b) „Er erreichte das Ziel nur unter maximalem Kraftaufwand."
c) „Der Arzt konnte nur mehr den Exitus feststellen."
d) „Ich kann leider keine Lösung dafür präsentieren."
e) „Er ruinierte seine Firma."

A

Mit oder gegen Rom?

Der Germane Arminius, der als Offizier im römischen Heer gedient hatte, und seine Frau Thusnelda haben eine andere Meinung über die Römer als Segestes, der Schwiegervater des Arminius.

1. Arminius: „Non dubito, Segestes, quin Romani toti orbi imperare velint.
2. Proinde oportet nos eos prohibere, ne patriae nostrae pacem dent.
3. Nam omnes nationes, quibus Romani pacem dederunt, libertate carent.
4. Hoc demonstrare difficile non est: Specta Gallos!
5. Cum antea vita eorum libera fuerit, nunc servitute opprimuntur.
6. Itaque te rogo: Utrum servitutem an libertatem amas?“
7. Thusnelda: „Equidem, pater, te oro, ut animum tuum mutes
   et cum coniuge meo a Romanis deficias. Num posteros tuos servos esse vis?“
8. Segestes: „Tace, filia! Nescis enim, quod dicis.
9. Si maritus tuus rem Gallorum recte iudicavisset[1], hoc comprehendisset:
10. Antea adventum Romanorum Galli bella inter se usque gesserunt.
11. Hodie et crebra aedificia utilia, quae artem Romanorum demonstrant,
    et pacis commoda obtinent: civitatem, securitatem[2], humanitatem!“

Arminius ließ sich nicht von Segestes überzeugen und plante einen Überfall auf den römischen General Varus. Dieser verlief erfolgreich für die Germanen und führte letztlich dazu, dass die Römer ihre Anstrengungen, weiter nach Germanien vorzudringen, einstellten.

[1] iūdicāre beurteilen

[2] secūritās, ātis *f* Sicherheit

Zusätzliche Aufgaben

1. Bilde die angegebenen Konjunktivformen: (4 BE)
a) locare: 1. Pers. Sg. Konj. Präs. Aktiv
b) abesse: 3. Pers. Pl. Konj. Perf. Aktiv
c) exstinguere: 3. Pers. Sg. Konj. Perf. Aktiv
d) prodere: 2. Pers. Pl. Konj. Perf. Passiv

2. Gib an, welche Antwort jeweils vom Fragesteller erwartet wird. (3 BE)
a) nonne
b) num
c) -ne

3. Übersetze jeweils nur das Verb mit der in der Wendung zutreffenden Bedeutung: (4 BE)
a) officium praestare
b) amicis virtute praestare
c) moenia locare
d) domum locare

4. Wie heißen die folgenden Städte heute? (4 BE)
a) Mogontiacum
b) Augusta Treverorum
c) Augusta Vindelicorum
d) Castra Regina

5. Übersetze die folgenden italienischen Wörter. Gib dabei jeweils das lateinische Wort an, von dem sie sich ableiten. (3 BE)
a) lungo
b) utile
c) pace

Das Hermannsdenkmal bei Detmold im Teutoburger Wald. Erbaut im 19. Jh. zur Erinnerung an den Cheruskerfürsten Arminius (Hermann).

A

Die Varusschlacht

Im Jahr 9 n. Chr. kam es in Germanien zu einem Angriff der Germanen auf die Römer:

1. Quis nescit, quid Augusto imperatore in Germania acciderit?
2. Germani Arminio[1] duce Romanis magnam calamitatem intulerunt.
3. Ille enim Romanos non temere[2] temptabat ut antea, sed diu secum cogitavit, quo modo ii superari possent.
4. Quia intellexerat Romanos impetum Germanorum non timere, coniecit agmen Romanorum minime ad pugnam paratum esse.
5. Itaque Germanos iussit Romanos iter facientes ex insidiis temptare.
6. Et profecto id evenit, quod existimaverat:
7. Milites Romani vim ab hostibus allatam non pertulerunt.
8. Pugna confecta prope omnes Romani cum Varo[3] imperatore mortui erant.
9. Cum de ea re celeriter ad Augustum delatum esset, ille clamavit: „Vare, Vare, redde mihi legiones[4]!“

[1] Arminius
Arminius (Anführer der Germanen)

[2] temere *Adv.*
planlos

[3] Vārus
Varus (Befehlshaber der Römer in Germanien)

[4] legiō, ōnis *f*
Legion (militärische Einheit von ungefähr 6000 Mann)

Zusätzliche Aufgaben

B

1. Erkläre die folgenden Fremdwörter. Gib dabei jeweils das lat. Ursprungswort an, das diesen Fremdwörtern zugrunde liegt, z. B. lädiert ~ verletzt (laedere): (4 BE)

a) Differenz c) Präferenz
b) Referat d) Offerte

2. Setze die folgenden Prädikate so in die Sätze ein, dass ein richtiger indirekter Fragesatz entsteht: (4 BE)

Nesciebam – Nescio – dixisses – diceris

a) [?], quid dicas.
b) [?], quid diceres.
c) Nescio, quid [?].
d) Nesciebam, quid [?].

3. Bilde die jeweils entsprechende Form von ferre: (4 BE)

a) laudas c) laudati sunt
b) laudavit d) laudabo

4. Bilde das Adverb zu den folgenden Adjektiven: (4 BE)

a) sapiens, sapientis
b) bonus, a, um
c) pulcher, pulchra, pulchrum
d) gravis, e

5. Nenne jeweils den Aufgabenbereich der folgenden römischen Beamten: (2 BE)

a) Ädil c) Quästor
b) Konsul d) Prätor

Sonderbriefmarke der Deutschen Post zum Gedenken an die Varusschlacht vor 2000 Jahren.

A

Eine merkwürdige List

Von dem Athener Solon und von Thales aus Milet, die zu den Sieben Weisen gezählt wurden, hast du bereits gehört. Über beide gibt es viele Geschichten. Ein griechischer Schriftsteller erzählt die folgende Begebenheit:

1. Solon quondam Mileti[1] Thalem convenit.
2. Tum ex eo quaesivit, cur numquam de nuptiis cogitavisset, et addidit:
3. „Omnes, quibus complures filii sunt, beatissimos puto, quoniam nullum gaudium maius est quam ab uxore liberisque amari."
4. Constat Thalem primo tacentem abisse, brevi tempore autem hominem alienum impulisse, ut Solonem adiret et diceret:
5. „Cum nuper Athenis[2] essem, testis rei tristioris fui. Nam filium viri honestissimi e vita cessisse audivi.
6. Plurimi cives et mortem iuvenis et calamitatem patris, quem sapientissimum omnium appellaverunt, fleverunt.
7. Aiebant illi contigisse, ut civitatem legibus optimis componeret."
8. Ea re nuntiata Solon ex-clamavit: „Quis me est miserior, qui filium perdidi?"

Da kommt Thales herbei und klärt Solon auf, dass die Geschichte nur erfunden sei. Er schließt mit den Worten:

9. „Cernisne casum[3] pessimum esse hominem amatum amittere?
10. Quia talem dolorem acerrimum perferre non possem, liberis careo."

[1] Mīlētī in Milet
[2] Athēnīs in Athen
[3] cāsus *hier:* Unglück

Zusätzliche Aufgaben

B

1. Erkläre die folgenden Fremdwörter. Gib dabei jeweils das lateinische Ursprungswort an, das diesen Fremdwörtern zugrunde liegt, z. B. lädiert ~ verletzt (laedere): (4 BE)
a) Priorität
b) Maiorität
c) Optimist
d) Mixtur

2. Steigere die folgenden Adjektive, z. B. groß → maior → maximus: (4 BE)
a) klein
b) schwer
c) kurz
d) gut

3. Bilde zu den folgenden Adjektiven die jeweils angegebene Form: (4 BE)
a) longus (Komparativ: Abl. Sg. *m*)
b) pulcher (Komparativ: Gen. Pl. *n*)
c) acer (Superlativ: Akk. Sg. *f*)
d) facilis (Superlativ: Gen. Sg. *f*)

4. Übersetze jeweils nur die farbig gedruckte Form des Adjektivs: (2 BE)
a) Mons altior est.
b) Puella pulcherrima est.

5. Ordne die folgenden Namen zu sinnvollen Paaren: (4 BE)
Sappho – Orpheus – Dido – Kleobis – Eurydike – Äneas – Biton – Alkaios

Orpheus und seine Frau auf dem Weg aus der Unterwelt. 1724. Venedig, Palazzo Sandi-Porto.

A

Der Wahnsinn des Aiax

Im Trojanischen Krieg streiten Aiax und Odysseus nach dem Tod des Achill um dessen Waffen. Als Odysseus (Ulixēs, is) siegt, will Aiax (Āiāx, ācis) sich rächen, wird aber von Athene (lat. Minerva), der Beschützerin des Odysseus, mit Wahnsinn geschlagen und metzelt die Herden der Griechen nieder.

1. Cum Ulixes furorem Aiacis videret, Minervae dixit:
2. „Aiax a te quidem iure vindicatus est, quod nobis iniuriam inferre voluit.
3. Tamen socium veterem longiore furore impelli nolo.
4. Qui vir contra Troianos pugnans semper optimus fortissimusque omnium erat.
5. Ne perrexeris torquere illum miserrimum!“
6. Aiax autem e furore excitatus Ulixem et comites eius vivere vidit; nunc demum cognovit plurima animalia incredibili quodam furore a se necata esse.
7. Hac re cognita eum puduit huius facinoris et in gladium incubuit[1].
8. Menelaus[2] autem ira impulsus corpus Aiacis manu attigit et vocavit:
9. „Nisi dei nos servavissent, iste vir saevus nos omnes interfecisset!“
10. Deinde iussit: „Nemini liceat eum sepelire[3]! Animalibus feris cibo sit!“
11. Quod audiens Ulixes eum obsecravit: „Verba tua vera sunt. Tamen ne impius fueris!
12. Noli comiti veteri iusta[4] non facere! Aiacem sepeliamus!“

Daraufhin verwehrte Menalaos dem Aiax das Begräbnis nicht mehr.

[1] incumbere, incumbō, incubuī sich stürzen

[2] Menelāus Menelaos (König von Sparta)

[3] sepelīre begraben bestatten

[4] iūsta fac… die letzte… erweisen

Zusätzliche Aufgaben

B

1. Benenne die Funktion der Konjunktive in Satz 5 und 9. (2 BE)

2. Unterstreiche die Hortative: (3 BE)
   a) statuamus
   b) attingemus
   c) comparamus
   d) audiamus
   e) vetemus

3. Bestimme die Komparative nach KNG und unterstreiche alle möglichen Bezugswörter: (4 BE)
   a) maiore (gloria - mercatori - viro)
   b) minorum (amicum - urbium - hominum)

4. Verwandle Satz a) und b) jeweils in einen Prohibitiv, Satz c) und d) jeweils in einen Iussiv: (4 BE)
   a) Noli me tangere!
   b) Nolite hoc dicere!
   c) Volo eum abire.
   d) Volo omnes me iuvare.

5. Bilde die verlangten Konjunktive: (3 BE)
   a) peccatis → Konj. Präs. → Konj. Plusqpf. → Konj. Perf.
   b) mitteris → Konj. Impf. → Konj. Präs. → Konj. Perf.

6. Erkläre, warum sich Odysseus für eine Bestattung des Aiax einsetzt. (2 BE)

Aiax stürzt sich ins Schwert. Griechische Vasenmalerei. 4. Jh. v. Chr. London, British Museum.

A

Ödipus

Weil Laios (Lāius), der König von Theben, vom Delphischen Orakel die düstere Vorhersage erhielt, dass sein eigener Sohn ihn töten werde, ließ er seinen Sohn Ödipus aussetzen. Der Säugling wurde jedoch von einem Hirten gefunden und danach von Polybos, dem König von Korinth, wie ein Sohn großgezogen. Als dem jungen Mann Gerüchte zu Ohren kamen, dass er nicht der leibliche Sohn des Polybos sei, machte er sich zum Orakel von Delphi auf, um dort von der Priesterin Pythia mehr über seine Herkunft zu erfahren ...

1. Illic Pythia dixit Oedipum patrem suum necaturum esse;
   addidit matrem ei nupturam esse.
2. Quod ut fieri non posset, Oedipus decrevit, ne ad parentes[1] rediret.
3. Eo tempore Laius a sacerdotibus comperit se brevi tempore e vita cessurum esse.
4. Fortunam suam flens „Utinam“, ait, „diutius[2] viverem!“
   His verbis dictis Delphos[3] ad oraculum (!) nobilissimum ire decrevit.
5. In itinere factum est, ut iuvenis carro Laii cedere nollet.
6. Itaque rex custodem misit iuvenem superbum de via pulsurum et „Utinam“,
   clamavit, „ne iter meum impedivisses!“
7. Ira motus Oedipus iuvenis senem – suum patrem – de carro traxit et necavit.

Auch der zweite Teil des Orakelspruches wurde wahr: Weil er die Thebaner von einem Ungeheuer befreite, bekam Ödipus zum Dank die Witwe des Laios, Iokaste, zur Frau, ohne zu wissen, dass sie seine eigene Mutter war.

[1] parentēs *m Pl.* Eltern

[2] diūtius *Komparativ zu* diū

[3] Delphōs nach Delphi

Zusätzliche Aufgaben

1. Suche im Text die lateinischen Entsprechungen zu den folgenden englischen Wörtern: (2 BE)
a) *to add* (hinzufügen)
b) *noble* (adlig, edel)

2. In den Geschichten um Harry Potter werden wiederholt die Zaubersprüche INCENDIO und LEVICORPUS gebraucht, wenn Gegenstände angezündet bzw. durch die Luft bewegt werden sollen. Führe diese Ausdrücke auf die drei ihnen zugrunde liegenden lateinischen Wörter zurück und übersetze diese. (3 BE)

3. Bilde von den in Klammern stehenden Verben die Formen, die der angegebenen Form entsprechen: (4 BE)
a) diligam (amare)
b) optavissent (velle)
c) deleverim (rumpere)
d) moneres (nolle)

4. Bestimme die folgenden Infinitive genau: (2 BE)
a) auditurum esse
b) laudatum esse

5. Laios formuliert im Übersetzungstext den Wunsch „Utinam diutius viverem!“ (Satz 4) Was sagt diese Formulierung über Laios' Hoffnung für die Zukunft aus? Wie würde ein optimistischerer Wunsch auf Lateinisch lauten? (4 BE)

6. Inwiefern hat der Künstler Paul Wunderlich in seiner Skulpturengruppe Pythia und den Fragensteller völlig unterschiedlich gestaltet? Was will er damit ausdrücken? (3 BE)

Paul Wunderlich: Pythia und der Fragensteller.

Scipios Traum

Scipio Africanus der Jüngere befindet sich mit römischen Truppen in Nordafrika, weil die Karthager wieder zu den Waffen gegriffen haben. Vor Beginn der Kampfhandlungen trifft er sich mit König Massinissa, einem Freund der Familie. Lange sprechen die beiden Männer über Scipios Großvater, den Bezwinger Hannibals. Dieser erscheint in derselben Nacht seinem Enkel im Traum. Scipio berichtet von der Begegnung.

1. Ubi avum cognovi, primo metu affectus sum.
2. Sed ille „Noli timere“, inquit, „Scipio! Tibi res futuras populi Romani demonstraturus sum.
3. Romani sollicitati verbis Catonis, qui iterum atque iterum dicit Poenos semper hostes acerrimos futuros esse, Carthaginem exstincturi sunt.
4. Tu autem, quia intellegis nullam urbem copiis nostris fortius restitisse quam Carthaginem, recte times, ne urbe tam potenti deleta imperium Romanum superbia corrumpatur.
5. Nam fiet, ut cives scelerati viros colligant coniurationem in nobiles paraturi et rem publicam perturbent, cum post bellum Romam redieris.
6. Ut animo forti civitatem a calamitate conserves, hoc scias: Omnibus, qui ad rem publicam accedunt patriamque iuvant, via ad caelum patet.
7. Utinam semper illorum verborum memor sis!“

Augustus weist einen Zornigen in die Schranken

1. In legendo multum discimus. Illam igitur fabulam lege et legendo multum de recte vivendo disce!
2. Divus Augustus cum cenaret apud Vedium Pollionem hospitem, unus e servis eius vas[1] quoddam fregerat.
3. Itaque Vedius ira commotus servum prehendi iussit et cupidus eum necandi dixit eum crudelissime periturum esse.
4. Puer perterritus dominum fugit et poenam vitandi causa ad pedes principis celerrime se coniecit nihil aliud petiturus, quam ut aliter necaretur.
5. Motus maxima ira Caesar iussit servum liberari, vasa autem omnia domini deleri.
6. Sic ille, cui cupiditas acerbissime in alium vindicandi fuit, ipse vehementer vindicatus est.

[1] vās, vāsis *n* Gefäß

Porträtbüste des Augustus. Um 50 n. Chr. Malibu, John Paul Getty Museum.

A

Wie gelingt ein glückliches Leben?

Calpurnia hat viele Fragen und freut sich, dass sich ihr Vater Zeit für sie nimmt.

1. Calpurnia: Quia cupida sum naturam deorum hominumque experiendi, quam saepissime cum Nicodemo colloquebar.
2. In sermonibus quidem nostris perturbor sententiis variis virorum sapientium.
3. Nam alii eorum deum omnia providentem atque ratione regentem verentur.
4. Alii vero rati sunt deos nihil agentes procul a terra versari. Qui id hominibus persuadere temptant his dictis:
5. „Ne timueritis, ne immortales in rebus humanis occupati sint!
6. Sequimini Epicurum, qui omnes res non deo auctore, sed casu accidere arbitratus est!“
7. Nunc incerta sum, num laeti vivere possimus.
8. Profecto enim potestas consilia capiendi nobis data non est, si aut fatum aut casus cuncta moliatur.
9. Pater: Philosophia (!) nos hortatur, ut sortem nostram libenter patiamur neque res adversas velut dolores queramur.
10. Si magno cum studio te philosophiae dederis, vitam beatam consequeris.

Zusätzliche Aufgaben

1. Gib jeweils die Bedeutung des Präfixes an und übersetze dann die folgenden lateinischen Wörter: (4 BE)

a) re-vocare
b) dis-currere
c) in-iustus
d) ne-scire

2. Bilde die angegebenen Formen von sequi: (4 BE)

a) 2. Pers. Sg. Ind. Präs.
b) 2. Pers. Pl. Ind. Impf.
c) 1. Pers. Sg. Fut. I
d) 1. Pers Pl. Konj. Präs.

3. Übersetze treffend: (4 BE)

a) Sol oritur.
b) Bellum oritur.
c) nulla ratione
d) eadem ratione

4. Übersetze im folgenden Satz das Partizip auf drei verschiedene Arten (mit Adverbialsatz / Präpositionalausdruck / Beiordnung): (3 BE)

Cicero ratus carmina Catulli pessima esse eum reprehendebat.

5. Gib jeweils den Fachbegriff für die folgenden Disziplinen der antiken Philosophie an: (3 BE)

a) Lehre vom rechten Handeln
b) Lehre vom richtigen Argumentieren
c) Lehre von der Natur

Die Philosophie. Allegorische Darstellung nach einem Fresko von Raffael. 16. Jh. Rom, Vatikan.

A So nicht, Calpurnia!

Severus ist ziemlich verärgert:

1. „Vellem tu in litteris omnino ne versata esses!
2. Timeo enim, ne istam mulierem imiteris, de qua tibi nunc narrabo.
3. Cognosce, Calpurnia, sortem Semproniae!
4. Multi viri eam, mulierem et nobili genere natam et forma praeclara praeditam[1] et litteris Latinis Graecisque doctam, amabant.
5. Ista, quamquam viro optimo nupserat, maximam voluptatem e versibus faciendis, iocis[2] agendis, sermonibus habendis cepit.
6. At liberi isti cordi non erant; immo arbitrabatur sibi psallendum[3] et saltandum[4] esse.
7. Ultro viris sceleratis amicis uti solebat.

Diese amici scelerati waren beteiligt an der Verschwörung des Catilina, die aber von Cicero vereitelt werden konnte. Dieser ließ die in Rom zurückgebliebenen Verschwörer hinrichten.

8. Te igitur hortor, ut vita uxoris bonae contenta sis.
9. Bonae uxori autem et liberi pariendi sunt et domus bene curanda est.
10. Si ergo, filia carissima, in honore esse vis, tibi eadem ratio vitae ac Semproniae persequenda non est."

[1] praeditus, a, um ausgestattet
[2] iocus Scherz
[3] psallere die Kithara spielen
[4] saltāre tanzen

Zusätzliche Aufgaben

B

1. Bilde zu jeder Form von pergere die entsprechende von progredi: (5 BE)

a) pergunt
b) perget
c) perrexistis
d) pergens
e) perge

2. Erkläre die folgenden englischen Wörter. Gib dabei jeweils das lateinische Ursprungswort an, das diesen Wörtern zugrunde liegt, z. B. to move → movere → bewegen: (4 BE)

a) *to use*
b) *to imitate*
c) *instruction*
d) *progressive*

3. Übersetze mündlich und entscheide jeweils, ob die Aussage richtig oder falsch ist: (4 BE)

a) Epicurus dicit homines ex atomis constare.
b) Romae feminis eadem iura erant ac viris.
c) Epicurus nos monet, ut ad rem publicam accedamus.
d) Toga virili (toga virīlis: Männertoga) accepta iuvenes Romani ad rem publicam accedere potuerunt.

4. In welchem der Sätze a) – e) liegen die folgenden grammatischen Erscheinungen vor? Übersetze mündlich und ordne jedem Satz die entsprechende Zahl zu. Aber Achtung: Es bleiben zwei Zahlen übrig! (5 BE)

1 Imperativ – **2** Dativ des Besitzers (Dativus possessivus) – **3** attributives Gerundiv – **4** Dativ des Urhebers (Dativus auctoris) – **5** Gerundium – **6** Dativ des Zwecks (Dativus finalis) – **7** Ablativus absolutus

a) Adulescentibus mores maiorum imitandi sunt.
b) Imitare mores maiorum, Severe!
c) Moribus maiorum imitandis multum disces, Severe.
d) Etiam libros legendo multum disces, Severe.
e) Res publica tibi cordi sit, Severe!

BILDNACHWEIS

Lösung zur Prüfungsaufgabe 18

A

1. Arminius: „Ich zweifle nicht, Segestes, dass die Römer die ganze Welt beherrschen wollen. **2.** Daher ist es nötig, dass wir sie daran hindern, unserer Heimat Frieden zu bringen (dass sie ... geben). **3.** Denn alle Völker, denen die Römer den Frieden brachten (den Frieden gaben), haben keine Freiheit. **4.** Dies zu beweisen ist nicht schwer: Schau die Gallier an! **5.** Während früher ihr Leben frei war, werden sie nun mit Sklaverei unterdrückt. **6.** Deshalb frage ich dich: Liebst du die Sklaverei oder die Freiheit?" **7.** Thusnelda: „Ich bitte dich allerdings, Vater, deine Gesinnung zu ändern und mit meinem Ehemann von den Römern abzufallen. Willst du etwa, dass deine Nachkommen Sklaven sind?" **8.** Segestes: „Schweig, Tochter! Du weißt nicht, was du sagst!" **9.** Wenn dein Ehemann die Lage (Sache) der Gallier richtig beurteilt hätte, hätte er dies begriffen: **10.** Vor (der) Ankunft der Römer führten die Gallier ohne Unterbrechung Kriege untereinander. **11.** Heute haben sie sowohl zahlreiche nützliche Gebäude, die die Fertigkeit der Römer beweisen, als auch die Vorteile des Friedens (in Besitz): das Bürgerrecht, Sicherheit und Bildung!"

B

1. a) locem b) afuerint c) exstinxerit d) proditi, ae, a sitis (je richtige Form 1 BE) **2.** a) ja b) nein c) Antwort offen (je richtige Antwort 1 BE) **3.** a) erfüllen b) übertreffen c) errichten d) vermieten (je richtige Übersetzung 1 BE) **4.** a) Mainz b) Trier c) Augsburg d) Regensburg (je richtige Antwort 1 BE) **5.** a) lang (longus) b) nützlich (utilis) c) Frieden (pax) (je richtige Übersetzung 0,5 BE; je richtige Ableitung 0,5 BE)

Lösung zur Prüfungsaufgabe 19

A **1.** Wer weiß nicht, was unter der Herrschaft des Augustus in Germanien geschehen ist? **2.** Die Germanen brachten unter Führung des Arminius den Römern eine schwere Niederlage (großen Schaden) bei. **3.** Jener griff nämlich die Römer nicht planlos wie zuvor an, sondern überlegte lange bei sich, wie (auf welche Weise) diese besiegt werden könnten. **4.** Weil er erkannt hatte, dass die Römer keinen Angriff der Germanen fürchteten, vermutete er, dass der Heereszug der Römer am wenigsten auf einen Kampf vorbereitet sei. **5.** Deshalb befahl er den Germanen, die Römer auf dem Marsch (, während sie einen Marsch machten) aus dem Hinterhalt (einer Falle) anzugreifen. **6.** Und tatsächlich geschah das, was er gemeint hatte: Die römischen Soldaten ertrugen die ihnen von den Feinden zugefügte (beigebrachte) Gewalt nicht. **7.** Nachdem der Kampf beendet worden war, waren beinahe alle Römer zusammen mit ihrem Feldherrn Varus tot. **8.** Als (über) diese Sache schnell an Augustus gemeldet worden war, schrie jener laut: „Varus, Varus, gib mir meine Legionen zurück!"

B **1.** a) Unterschied (differre) b) Bericht / Vortrag (referre) c) Vorzug (praeferre) d) Angebot (offerre) (je richtige Erklärung 1 BE) **2.** a) nescio b) nesciebam c) diceris d) dixisses (je 1 BE) **3.** a) fers b) tulit c) lati sunt d) feram (je richtige Form 1 BE) **4.** a) sapienter b) bene c) pulchre d) graviter (je richtige Form 1 BE) **5.** a) öffentliche Ordnung b) Regierung c) Finanzen d) Recht (je 0,5 BE)

Lösung zur Prüfungsaufgabe 20

A

1. Einst besuchte Solon Thales in Milet. **2.** Da fragte er ihn, warum er niemals ans Heiraten gedacht (über eine Hochzeit nach°gedacht) habe, und fügte hinzu: **3.** „Ich halte alle, die mehrere Söhne haben, für sehr glücklich, da es ja keine größere Freude gibt (da ja keine Freude größer ist), als von der Ehefrau und von den Kindern geliebt zu werden." **4.** Es ist bekannt, dass Thales zuerst schweigend weggegangen ist, nach kurzer Zeit aber einen fremden Menschen veranlasst hat, an Solon heranzutreten und zu sagen (dass er ...): **5.** „Als ich neulich in Athen war, war ich Zeuge einer ziemlich traurigen Sache. Denn ich habe gehört, dass der Sohn eines sehr ehrbaren Mannes gestorben (aus dem Leben gegangen) war. **6.** Sehr viele Bürger beweinten sowohl den Tod des jungen Mannes als auch das Unglück des Vaters, den sie den Weisesten von allen nannten. **7.** Sie sagten, dass es jenem gelungen sei, den Staat mit äußerst (sehr) guten Gesetzen zu ordnen (dass er ...)." **8.** Nach dieser Botschaft (Nachdem das gemeldet worden war,) rief Solon laut: „Wer ist unglücklicher als ich, der ich meinen° Sohn verloren habe?" **9.** Thales°: „Siehst du, dass es das schlimmste Unglück ist, einen geliebten Menschen zu verlieren? **10.** Weil ich einen solchen gewaltigen (sehr heftigen) Schmerz nicht ertragen könnte, habe ich keine Kinder."

B

1. a) Vorrang (prior) b) Mehrheit (maior) c) ein Mensch, der immer das Beste erwartet (optimus) d) Mischung (miscere) (je richtige Erklärung 1 BE) **2.** a) minor, minimus b) gravior, gravissimus / difficilior, difficillimus c) brevior, brevissimus d) melior, optimus (je richtige Form 0,5 BE) **3.** a) longiore b) pulchriorum c) acerrimam d) facillimae (je richtige Form 1 BE) **4.** a) ziemlich hoch, zu hoch b) sehr schön, wunderschön, am schönsten (je richtige Übersetzung 1 BE) **5.** Sappho – Alkaios / Orpheus – Eurydike / Dido – Äneas / Kleobis – Biton (je richtige Zuordnung 1 BE)

Lösung zur Prüfungsaufgabe 21

A **1.** Als Odysseus den Wahnsinn des Aiax sah, sagte er zu Minerva: **2.** „Aiax wurde von dir gewiss zu Recht bestraft, weil er uns Unrecht zufügen wollte. **3.** Dennoch will ich nicht, dass der (mein) alte(r) Gefährte von länger(dauernd)em Wahnsinn angetrieben wird. **4.** Denn dieser Mann war im Kampf gegen die Trojaner (als er gegen die Trojaner kämpfte) immer der beste und tapferste von allen. **5.** Mach nicht weiter damit (hör auf), den (jenen) tiefunglücklichen Mann zu quälen!" **6.** Als aber Aiax aus seinem Wahnsinn erwacht war (geweckt worden war), sah er, dass Odysseus und seine Gefährten lebten; jetzt erst erkannte er, dass sehr viele (eine Unmenge) Tiere in (mit) geradezu unglaublichem Wahnsinn von ihm getötet worden waren. **7.** Als er das erkannt hatte, schämte er sich dieser Untat (für diese Untat) und stürzte sich in sein (das) Schwert. **8.** Menelaos aber berührte voller Zorn (von Zorn (an)getrieben) mit der Hand die Leiche (den Körper) des Aiax und rief: **9.** „Wenn die Götter uns nicht bewahrt hätten, hätte dieser schreckliche Mann uns alle getötet!" **10.** Darauf befahl er: „Keinem soll es erlaubt sein, ihn zu bestatten! Er soll den wilden Tieren zur Speise dienen!" **11.** Als Odysseus dies hörte, bat er ihn: „Deine Worte sind wahr. Sei dennoch nicht gottlos! **12.** Erweise doch° dem alten Gefährten die letzte Ehre (doppelte Verneinung)! Lasst uns Aiax bestatten!"

B **1.** Satz 5: Prohibitiv; Satz 9: Irrealis der Verg. (je richtige Lösung 1 BE) **2.** a) d) e) (je richtige Lösung 1 BE) **3.** a) Abl. Sg. *m / f / n* (1 BE): gloria, viro (je 0,5 BE) b) Gen. Pl. *m / f / n* (1 BE): urbium, hominum (je 0,5 BE) **4.** a) Ne me tetigeris! b) Ne hoc dixeritis! c) Abeat is! d) Omnes me iuvent! (je richtige Umformung 1 BE) **5.** a) Konj. Präs.: peccetis; Konj. Plusqpf.: pecavissetis; Konj. Perf.: peccaveritis b) Konj. Impf.: mittereris; Konj. Präs.: mittaris; Konj. Perf.: missus, a sis (je richtige Form 0,5 BE) **6.** Nach dem göttlichen Gesetz darf ein Toter nicht unbestattet bleiben, da er sonst in der Unterwelt keine Ruhe findet. (2 BE)

Lösung zur Prüfungsaufgabe 22

A

1. Dort sagte Pythia, Ödipus werde seinen Vater töten (dass Ödipus ... töten werde); sie fügte hinzu, dass seine Mutter ihn heiraten werde. **2.** Damit das nicht geschehen konnte, beschloss Ödipus, nicht zu seinen Eltern zurückzukehren (dass er nicht ... zurückkehrt). **3.** Zu dieser Zeit erfuhr Laios von Priestern, dass er bald sterben (aus dem Leben gehen) werde. **4.** Er beweinte sein Schicksal und sagte (Sein Schicksal beweinend sagte er): „Wenn ich doch länger leben würde!" Nach diesen Worten (Nachdem diese Worte gesagt worden waren,) beschloss er, nach Delphi zum hochberühmten Orakel zu gehen. **5.** Auf dem Weg geschah es, dass ein junger Mann dem Wagen des Laios nicht (aus)weichen wollte. **6.** Deshalb schickte der König einen Wächter, der den stolzen jungen Mann vom Weg vertreiben sollte (um ... zu vertreiben), und rief (laut): „Hättest du doch nicht meinen Weg behindert!" **7.** Aus Zorn (Von Zorn bewegt) zog der junge Mann Ödipus den Greis – seinen eigenen Vater – vom Wagen (herab) und tötete ihn.

B

1. a) to add: addere (Satz 1) b) noble: nobilis (Satz 4) (je richtige Lösung 1 BE) **2.** INCENDIO: incendium (Brand) (1 BE) / LEVICORPUS: levis, e (leicht) (1 BE); corpus, oris (Körper) (1 BE) **3.** a) amem bzw. amabo b) voluissent c) ruperim d) nolles (je richtige Form 1 BE) **4.** a) Inf. Fut. Akt. b) Inf. Perf. Pass. (je richtige Bestimmung 1 BE) **5.** Laios empfindet sein Schicksal bereits als besiegelt, denn er formuliert einen unerfüllbaren Wunsch der Gegenwart. Er weiß, dass er nicht mehr lange leben wird. (2 BE) Wenn er optimistischer gewesen wäre, hätte er gesagt: „Utinam / Velim diutius vivam!" („Hoffentlich lebe ich noch länger!") Diese Formulierung hätte zu erkennen gegeben, dass sein Wunsch erfüllbar ist, dass er also durchaus noch etwas länger leben könnte. (2 BE) **6.** Dem Betrachter fallen sofort die großen Unterschiede zwischen den dargestellten Personen ins Auge: Während Pythia eine Frau ist und vor allem rundliche Formen aufweist, wird die Gestalt des männlichen Fragenstellers von eckigen Formen beherrscht. Das Gesicht der Frau ist fein gezeichnet, während der Kopf des Mannes sehr viel größer ist und seine Gesichtszüge sehr derb wirken. Dieses derbe männliche Gesicht ist fordernd zum Himmel erhoben, während die Seherin ihr Gesicht auf ihr Gegenüber gerichtet hat. Der linke Arm des Fragenstellers ist in gerader Linie zum Himmel gestreckt, scheint also ohne Umschweife direkt den Kontakt zur Gottheit zu suchen, ja einzufordern, während die beiden Arme Pythias angewinkelt sind, auch wenn sie nach oben zeigen. Die männliche Gestalt ist in einem Goldton gehalten, während der untere Teil der Bekleidung Pythias durch ein schönes Türkis die Blicke auf sich zieht. (für zwei der genannten Aspekte je 1 BE; maximal 2 BE) All das scheint zu sagen, dass der Fragensteller eher der diesseitigen Welt zuzuordnen ist (vgl. den Anzug!), während die Apollonpriesterin ganz von der Macht des Himmlischen durchdrungen scheint. (1 BE)

Lösung zur Prüfungsaufgabe 23

1. Sobald ich den Großvater erkannte, fürchtete ich mich zuerst (wurde ich mit Furcht versehen). **2.** Aber jener sagte: „Fürchte dich nicht, Scipio! Ich will dir die Zukunft des römischen Volkes zeigen (darlegen). **3.** Aufgehetzt von den Worten Catos, der immer wieder sagt, dass die Karthager immer sehr erbitterte (scharfe) Feinde sein werden, wollen die Römer Karthago auslöschen. **4.** Du aber, weil du verstehst, dass keine Stadt unseren Truppen tapferer Widerstand geleistet hat als Karthago, fürchtest zu Recht, dass das Römische Reich durch Überheblichkeit verdorben wird, wenn (nachdem) eine so mächtige Stadt zerstört worden ist. **5.** Denn es wird geschehen, dass verbrecherische Bürger Männer sammeln, um eine Verschwörung gegen die Adeligen vorzubereiten, und den Staat in Verwirrung bringen, wenn du nach dem Krieg nach Rom zurückkehrst (eigtl. Fut. II). **6.** Damit du mit tapferem Herzen (Gesinnung) den Staat vor Schaden bewahrst, sollst du dies wissen: Allen, die sich politisch betätigen und das Vaterland unterstützen, steht der Weg zum Himmel offen. **7.** Hoffentlich denkst du immer an jene Worte!"

Lösung zur Prüfungsaufgabe 24

1. Beim Lesen lernen wir viel(es). Lies also jene Geschichte und lerne durch das Lesen viel(es) über die richtige Lebensweise (über das richtige Leben)! **2.** Als der göttliche Augustus bei seinem Gastgeber Vedius Pollio speiste, hatte einer von dessen Sklaven ein bestimmtes (gewisses) Gefäß zerbrochen. **3.** Deshalb befahl Vedius aus Zorn (von Zorn bewegt), den Sklaven zu ergreifen (dass der Sklave ergriffen werde), und weil° er° danach° begierig war°, ihn zu töten, sagte er, dieser werde auf sehr grausame Weise umkommen (dass dieser ... umkommen werde). **4.** Der sehr erschrockene (erschreckte) Sklave (Junge) floh vor seinem Herrn, und um die Strafe zu vermeiden, warf er sich schnellstens (sehr schnell) vor die Füße des Kaisers, um nichts anderes zu erbitten, als dass er auf andere Weise getötet werde. **5.** Sehr zornig (Von äußerst großem Zorn bewegt) befahl der Kaiser, den Sklaven zu befreien (dass der Sklave befreit werde), alle Gefäße des Herrn aber zu zerstören (dass alle Gefäße des Herrn aber zerstört werden). **6.** So wurde jener, der das (heftige) Verlangen hatte, sehr grausam gegen einen anderen vorzugehen, selbst schwer (heftig) bestraft.

Lösung zur Prüfungsaufgabe 25

A **1.** Calpurnia: Weil ich begierig bin, das Wesen der Götter und der Menschen zu erkennen (erfahren), unterhielt ich mich möglichst oft mit Nikodemus. **2.** In unseren Gesprächen freilich werde ich durch die verschiedenen Meinungen weiser Männer in Verwirrung gebracht. **3.** Die einen von diesen verehren nämlich einen Gott, der alle Dinge° vorhersieht und mit Vernunft lenkt. **4.** Die anderen aber meinten, dass die Götter sich fern von der Erde aufhalten, wobei sie nichts tun. Diese versuchen die Menschen mit den folgenden (diesen) Worten davon zu überzeugen: **5.** „Fürchtet nicht, dass die Unsterblichen sich mit menschlichen Angelegenheiten beschäftigen (mit menschlichen Angelegenheiten beschäftigt sind)! **6.** Folgt Epikur, der meinte, dass alle Dinge nicht auf Veranlassung eines Gottes, sondern durch Zufall geschehen!" **7.** Nun bin ich unsicher, ob wir glücklich (froh) leben können. **8.** Tatsächlich nämlich ist uns die Möglichkeit, Pläne zu fassen, nicht gegeben, wenn entweder das Schicksal oder der Zufall alles (*n* Pl.) antreibt. **9.** Vater: Die Philosophie fordert uns auf, dass wir unser Schicksal gerne ertragen und nicht über Unglück wie zum Beispiel Schmerzen klagen. **10.** Wenn du dich mit großem Engagement der Philosophie hingibst (eigtl. Fut. II), wirst du ein glückliches Leben erreichen.

B **1.** a) re-: zurück, revocare: zurückrufen b) dis-: auseinander, discurrere: auseinanderlaufen c) in-: Gegenteil, iniustus: ungerecht d) ne-: Verneinung, nescire: nicht wissen (je richtige Erklärung 1 BE) **2.** a) sequeris b) sequebamini c) sequar d) sequamur (je richtige Form 1 BE) **3.** a) Die Sonne geht auf. b) Ein Krieg bricht aus. c) ohne jeden Grund d) auf dieselbe Weise (je richtige Übersetzung 1 BE) **4.** Weil Cicero glaubte, dass Catulls Gedichte sehr schlecht seien, kritisierte er ihn. – In der Meinung, dass Catulls Gedichte sehr schlecht seien, kritisierte Cicero ihn. – Cicero glaubte, dass Catulls Gedichte sehr schlecht seien, und kritisierte ihn deshalb. (je richtige Übersetzung 1 BE) **5.** a) Ethik b) Logik c) Physik (je richtige Antwort 1 BE)

Lösung zur Prüfungsaufgabe 26

A

1. „Wenn du dich doch überhaupt nicht mit Literatur beschäftigt hättest! **2.** Ich (be)fürchte nämlich, dass du diese Frau nachahmst, über die ich dir nun erzählen werde: **3.** Lerne das Schicksal der Sempronia kennen, Calpurnia! **4.** Viele Männer liebten sie (diese), eine Frau, die sowohl von vornehmer Abstammung (geboren) war als auch mit großartiger Schönheit ausgestattet war als auch in lateinischer und griechischer Literatur gebildet war. **5.** Obwohl diese einen sehr guten Mann geheiratet hatte, hatte sie größte Freude daran, Verse zu dichten (machen), Scherze zu treiben und Gespräche zu führen (haben). **6.** Doch (ihre) Kinder lagen ihr (dieser da) nicht am Herzen; im Gegenteil, sie meinte, dass sie Kithara spielen und tanzen müsse. **7.** Noch dazu war sie gewohnt, verbrecherische Männer als Freunde zu haben (benutzen). **8.** Ich ermahne dich also, dass du mit dem Leben einer guten Ehefrau zufrieden bist. **9.** Eine gute Ehefrau aber muss Kinder gebären und sich gut um das Haus kümmern. **10.** Wenn du also, liebste Tochter, in Ehre stehen (sein) willst, darfst du nicht denselben Lebensweg wie Sempronia verfolgen."

B

1. a) progrediuntur b) progredietur c) progressi estis d) progrediens e) progredere (je richtige Form 1 BE) **2.** a) benutzen / gebrauchen (uti) b) nachahmen (imitari) c) Anweisung (instruere) d) fortschrittlich (progredi) (je richtige Erklärung 1 BE) **3.** Übersetzung:

a) Epikur sagt, dass die Menschen aus Atomen bestehen. → richtig b) In Rom hatten die Frauen dieselben Rechte wie die Männer. → falsch c) Epikur ermahnt uns, in die Politik zu gehen (dass wir ...). → falsch d) Junge römische Männer konnten sich politisch betätigen, nachdem sie die Männertoga erhalten hatten. → richtig (je richtige Lösung 1 BE)
4. Übersetzung: a) Junge Männer müssen die Sitten der Vorfahren nachahmen. b) Ahme die Sitten der Vorfahren nach, Severus! c) Dadurch, dass du die Sitten der Vorfahren nachahmst, wirst du viel lernen, Severus. d) Auch durch das Lesen von Büchern wirst du viel lernen, Severus. e) Der Staat soll dir am Herzen liegen, Severus! – Zuordnung: a) 4: adulescentibus b) 1: imitare c) 3: imitandis d) 5: legendo e) 6: cordi (je richtige Zuordnung 1 BE)

Lösung zur Prüfungsaufgabe 1

A

1. A: „In unserer Stadt ist ein ungeheures Verbrechen geschehen. **2.** In der Nacht haben Diebe einen reichen Herrn getötet und sein Geld geraubt." **3.** B: „Die Menschen sagen, dass sie niemals ein so grausames Verbrechen gesehen haben." **4.** A: „Die Priester haben mit Gebeten die Hilfe der Götter erbeten (um die Hilfe ... gebeten) und haben geopfert, weil sie ein Unglück und die Vernichtung der Stadt fürchteten." **5.** B: „Es ist bekannt, dass Sklaven den Leichnam des Mannes bei Tagesanbruch hinter dem Haus fanden. **6.** Die Sklaven behaupten, dass sie nicht nur vier Wunden am Kopf und im Gesicht, sondern auch sieben Wunden in der Brust gesehen haben. **7.** Sie erzählen, dass die Schandtat alle sehr erschreckt hat. **8.** Die unglückliche Familie bekräftigte immer wieder, dass sie einen guten Herrn verloren habe." **9.** C: „Aber wer hat dieses schlimme Verbrechen begangen (gemacht)? Wie viele Verbrecher waren es? **10.** Zwei, drei, fünf? Konnten sie gefasst werden?" **11.** A: „Sie (Jene) sind über die Mauern zur Küste geflohen. **12.** Ich habe den Verdacht, dass von jenen günstige Winde erwartet werden. **13.** Dann werden sie mit einem schnellen Schiff auf das Meer hinausfahren (das Meer mit einem schnellen Schiff aufsuchen)."

B

1. a) Zahl (numerus) b) Wohnsitz; Haus (domus) c) mit dem Fuß zu bedienendes Teil z. B. des Fahrrades / Fußhebel (pes) (je richtige Erklärung 1 BE) **2.** a) animali b) animalia c) animalium d) animal (je richtige Lösung 1 BE) **3.** a) audiar b) vocaberis c) ducemur d) terrebuntur e) capiemini (je 1 BE) **4.** Purpurmantel; Rutenbündel; Amtssessel von Würdenträgern (je richtige Antwort 1 BE) **5.** De *turri* miles *mare* altum videt. Ibi multas *naves* aspicit. (je richtige Einordnung 0,5 BE; je richtige Form 0,5 BE)

Lösung zur Prüfungsaufgabe 2

1. In alten Zeiten wurde eine Menge von schönen Stieren von Herkules in die Gegend von Rom getrieben. **2.** Dort wohnte damals ein böser Mann, der Cacus hieß. **3.** Nachdem dieser die Stiere erblickt hatte, fasste er den Plan, einige von ihnen zu rauben. **4.** Also wurden in der Nacht, während Herkules schlief, drei oder vier Tiere von Cacus weggeführt und in einer Höhle verborgen. **5.** Am folgenden Tag wird Herkules bei Tagesanbruch geweckt; schon will er das Gebiet verlassen, als er bemerkt, dass einige Stiere fehlen. **6.** Die Tiere werden von jenem lange gesucht; schließlich hört er ihre Stimmen und alle werden mit dem Dieb (zusammen) gefunden. **7.** Dieser wird von jenem sofort mit starken Händen ergriffen und in einem (durch einen) heftigen Kampf getötet.

Lösung zur Prüfungsaufgabe 3

1. Schon wurden die neuen Gladiatoren von der Menschenmenge erwartet. Es waren 20 Verbrecher, welche die Richter wegen eines Verbrechens verurteilt hatten. **2.** Während die Gladiatoren die Arena betraten, ist das ganze Amphitheater vom gewaltigen Geschrei des Volkes, das ihren (deren) sicheren Tod erwartete, erfüllt worden. **3.** Wenig später bin ich von großem Entsetzen ergriffen worden, als ich die grausame Gesinnung des Volkes bemerkte. **4.** Obwohl auch von mir der Tod von Verbrechern immer für gut befunden wurde (worden ist), kritisiere ich dennoch die Freude der Menschen, die der Anblick des grausamen Blutbads hervorruft. **5.** Denn ich weiß, dass die Gladiatorenkämpfe bei den Alten erfunden worden sind, weil sie meinten, dass die Toten durch das Blut eines Menschen erfreut werden. **6.** Bei uns aber sehe ich, dass Menschen getötet werden, weil die Augen der Lebenden (derer, die leben,) nur durch einen grausamen Tod erfreut werden. Oh (was für) Zeiten, oh (was für) Sitten!

Lösung zur Prüfungsaufgabe 4

A

1. Io war ein Mädchen von ungefähr 20 Jahren. **2.** Während sie von ihrem Vater nach Hause zurückkehrte, wurde (ist) jene von Jupiter gesehen (worden). **3.** Dieser wurde (ist) sofort von Liebe ergriffen (worden), ging zu dem Mädchen hin und sagte: **4.** „Freue dich, Mädchen! Du gefällst nämlich dem höchsten Gott. Komm mit mir in den Schatten des Waldes (der Wälder)!" **5.** Io, die von diesen Worten erschreckt worden war, floh ohne Verzögerung vor Jupiter. **6.** Doch der Gott selbst hielt das verängstigte Mädchen, (das von Angst bewegt (worden) war), von der Flucht ab. **7.** Unterdessen ist Jupiter von Juno gesucht, aber nicht gefunden worden. **8.** Deshalb stieg Juno, von heftigem Zorn bewegt – denn sie war von ihrem Ehemann oft verletzt worden – zur Erde, die von Dunkelheit verborgen war, hinab. **9.** Jupiter war bis jetzt guten Mutes, als er plötzlich seine Ehefrau erblickte …

B

1. a) duximus b) risi, ae estis c) monitus, a es d) damnatus, a est (je richtige Form 1 BE) **2.** a) capti erant b) monitae / institutae erant c) institutus / monitus erat. d) data erat (je richtige Form 1 BE) **3.** a) venire b) mittere c) neglegere d) solvere (je richtige Form 1 BE) **4.** a) Qual (torquere) b) eine Gerade, die einen Kreis in einem Punkt berührt (tangere) (je richtige Erklärung 1 BE) **5.** a) derartig b) wertlos / billig c) hochbegabt (je 1 BE) **6.** in dieser Reihenfolge: Prometheus, Zeus (Jupiter), Feuer, Kaukasusgebirge, Adler, Leber (je richtige Antwort 0,5 BE)

Lösung zur Prüfungsaufgabe 5

A

1. König Agenor wusste nicht, dass seine Tochter von Jupiter geraubt worden war. **2.** Deshalb sagte er zu seinen drei Söhnen, die er zu sich gerufen hatte (zu ihm gerufen worden waren): **3.** „Von großer Angst und von heftigem Schmerz gequält, habe ich euch herbeigerufen. **4.** Denn die sehr erschreckten Freundinnen eurer Schwester haben mir Folgendes (dieses) erzählt: **5.** ‚Ein Stier, der am Strand gesehen worden ist (war), wurde (ist) von Europa berührt (worden), weil er von schöner Gestalt und friedlichem Wesen war (eine schöne Gestalt und ein friedliches Wesen hatte). **6.** Aber plötzlich wurde (ist) das Mädchen von jenem Stier ins tiefe Meer (auf das hohe Meer hinaus) getragen (worden).'" **7.** Diese Worte waren kaum gehört worden, als Kadmus laut rief: **8.** „Sei zuversichtlich, Vater! Wenn ich nicht von den Göttern gehindert werde (Fut. II), werde ich die von uns besonders geliebte Schwester finden." **9.** Deine aus der Heimat entführte Tochter werde ich bald zu dir zurückführen."

B

1. a) reprehensum b) missum c) acceptum d) solutum e) raptum f) statutum g) cultum h) tactum (je 0,5 BE) **2.** a) Adverbialsatz: obwohl sie von Angst bewegt worden ist; Präpositionalausdruck: trotz ihrer Angst b) Adverbialsatz: weil er von Liebe veranlasst worden war; Präpositionalausdruck: wegen seiner Liebe / aus Liebe (je 1 BE) **3.** a) solvere / zahlungsunfähig b) vehemens / heftiger c) capere / begriffen d) lex / vom Gesetz erlaubt e) constituere / Verfassung (je 0,5 BE) **4.** a) Kreta → Athen b) Fluss → Stein c) Atlas → Kaukasus d) Adler → Stier e) Medea → Ariadne (je 0,5 BE)

Lösung zur Prüfungsaufgabe 6

1. Daphne fürchtete (den) Apollon. Von großer Angst getrieben (veranlasst), floh sie vor Apollon und lief auf schnellen Füßen durch den Wald. **2.** Schon konnte der Gott den Rücken des fliehenden Mädchens mit den Händen ergreifen, als das verzweifelnde Mädchen (verzweifelte und) die Hilfe ihres Vaters, eines mächtigen Gottes, erbat. **3.** Kaum waren die Worte der erschrockenen Tochter gesprochen (worden), als der Vater selbst, weil er von ihren dringenden (großen) Bitten bewegt worden war, sie in einen Baum verwandelte (sie zu einem Baum machte). **4.** Zuerst wurde der Kopf des Mädchens, dann wurden die Schultern, darauf die Füße, schließlich alle Körperteile in Teile eines Baums verwandelt. **5.** Weil Apollon aber durch den neuen Anblick des geliebten Mädchens bewegt (worden) war, sagte er, während er den Körper und die Brust des verwandelten Mädchens berührte: **6.** „Auch wenn du nicht meine Ehefrau sein kannst, wirst du als Baum sicher mir gehören (mein Baum sein). **7.** Immer wirst du mit deinen Blättern mich selbst und die römischen Anführer schmücken."

Lösung zur Prüfungsaufgabe 7

1. Proserpina war die Tochter des Jupiter und der Ceres. **2.** Jupiter persönlich (selbst) hatte dem Pluto, seinem Bruder, gesagt: „Es ist dir erlaubt, lieber Bruder, Proserpina zu heiraten (als Ehefrau zu führen)". Deshalb geschah Folgendes (dies): **3.** Während Proserpina in den Wäldern Siziliens Blumen pflückte, öffnete sich die Erde. **4.** Pluto kam aus der Erde heraus und raubte Proserpina und führte das Mädchen, während es immer wieder nach der Mutter rief, mit sich in den Tartarus weg. **5.** Dort wollte das weinende

Mädchen weder essen noch trinken. Weil Pluto von dem traurigen Gesichtsausdruck des Mädchens bewegt (worden) war, versuchte er sie umzustimmen (ihren Willen zu beugen), indem er dies sagte: **6.** „Lass deine Furcht beiseite, Proserpina. Denn ich werde dich nicht zu einer Sklavin, sondern zu meiner Gattin machen. **7.** Während sich dies im Tartarus ereignete (Während dies im Tartarus verhandelt wurde), begann Ceres jedoch, weil sie von großen Sorgen beunruhigt (worden) war, ihre Tochter zu suchen. **8.** Denn sie kannte den Heiratsvertrag, der von den Brüdern geschlossen (beschlossen) worden war, nicht.

Lösung zur Prüfungsaufgabe 8

A **1.** Weil / Als Ceres von schlimmsten (höchsten) Sorgen beunruhigt (worden) war, irrte sie sieben Tage und Nächte über die Erde (durch die Länder), wobei sie nichts aß und nichts trank. **2.** Endlich traf Hekate die verzweifelte Göttin und führte sie zum Gott Sol / zum Sonnengott, der alles sieht (sah). **3.** Von Ceres gefragt, erzählte Sol, dass Proserpina, nachdem sie von Pluto geraubt worden war, den Gott selbst geheiratet habe und nun mit ihm über die (Bewohner der) Unterwelt herrsche. **4.** Außerdem eröffnete er der Ceres, dass dies dem Pluto von Jupiter persönlich (selbst) erlaubt worden sei. **5.** Sofort verbarg sich Ceres sehr zornig (von großem Zorn bewegt) in ihrem Tempel. **6.** Denn sie hatte begriffen, dass jene sie getäuscht / betrogen hatten. **7.** Bald fehlte den Menschen nicht nur Getreide, sondern alles (Pl.) zum Leben Notwendige.

B

1. repetiti (repetere), petentibus (petere), redeuntes (redire), relictis (relinquere) (je richtige Antwort 1 BE) **2.** a) mota b) paratam c) missos (je richtige Form 1 BE) **3.** a) Servus a magistro laudatus ridet. b) Puellam ab amico exspectatam videmus. c) Liber raptus denique inventus est. (je richtige Lösung 2 BE) **4.** A6, B3, C5, D2, E1, F4 (je richtige Zuordnung 0,5 BE) **5.** c) (für die richtige Wahl 2 BE)

Lösung zur Prüfungsaufgabe 9

A

1. Weil Ceres nicht mehr für die Äcker sorgte, fehlte den Menschen Getreide. **2.** Deshalb befahl Jupiter, weil er die Vernichtung nicht nur der Menschen, sondern auch der Götter vorhersah, dass ein Bote Ceres aufsuchte. **3.** Aber sie (ihr Geist / ihre Gesinnung) konnte nicht umgestimmt werden. **4.** Aus Zorn (von Zorn bewegt) leistete Ceres weiterhin allen Bitten Widerstand, wobei sie Folgendes sagte: **5.** „Wie Jupiter vorher meine Sorgen vernachlässigt hat, so vernachlässige ich nun seine (dessen) Bitten. **6.** Ich werde die Götter und Menschen nicht (ver)schonen, bevor er mir meine Tochter zurückgegeben hat (haben wird)." **7.** Schließlich half Jupiter sowohl Ceres als auch Pluto als auch Proserpina. **8.** Er setzte nämlich Folgendes fest: „Proserpina ist es erlaubt, im Frühling und Sommer bei der Mutter zu leben, im Herbst und Winter aber muss sie (dieselbe) zum Ehemann zurückkehren (ist es nötig, dass sie zum Ehemann zurückkehrt)."

B

1. a) tot … quot b) tantus … quantus c) idem … qui d) talis … qualis (je 1 BE) **2.** a) fragen nach b) um Rat fragen c) sorgen für d) an der Spitze stehen (leiten) e) vorgehen gegen (je richtige Übersetzung 1 BE) **3.** a) temptantes b) captos c) respicientem d) redditam (je richtige Form 1,5 BE) **4.** in dieser Reihenfolge: Zerberus, Orpheus, Sisyphus (je richtige Antwort 1 BE)

Lösung zur Prüfungsaufgabe 10

1. Obwohl Latona von den Bauern Wasser erbeten hatte, verboten diese der Göttin zu trinken. **2.** Im Gegenteil, während sie diese mit bösen Worten verletzten, trübten sie mit Füßen und Händen den Teich (brachten ... durcheinander). **3.** Deshalb sagte die Göttin voller Zorn (von Zorn bewegt): „Ich mache euch zum Vorwurf, dass (weil) ihr euch nicht um uns gekümmert habt (dass wir euch keine Sorge bereitet haben). **4.** Denn ihr habt einer Mutter, obwohl sie euch anflehte, nicht geholfen, seid ihren (den) Kindern nicht zu Hilfe gekommen. **5.** Folglich werde ich, die ihr zurückgestoßen habt, euch ins Verderben stürzen (Verderben bringen). **6.** Ich sehe, dass ihr im Wasser leben wollt. Deshalb werde ich das, was ihr wollt, zuwege bringen (bewirken)." **7.** Kaum hatte Latona dies (Pl.) gesagt, als die rücksichtslosen Männer (plötzlich) in Frösche verwandelt wurden. **8.** Es (er)freut sie, unter den Wellen zu sein; und obwohl sie unter (dem) Wasser sind, versuchen sie, unter (dem) Wasser zu lästern / schmähen.

Lösung zur Prüfungsaufgabe 11

1. Narziss, ein schöner junger Mann, war von überheblicher Gesinnung. **2.** Wie viele junge Männer, wie viele Mädchen ihn (jenen) erblickten, so viele wurden von Liebe ergriffen. **3.** Aber keine jungen Männer, keine Mädchen rührten Narziss an (berührten ihn), weil er nur sich liebte. **4.** Jener hielt nämlich niemanden für so schön wie sich selbst und hielt deshalb alle für seiner Liebe unwürdig (meinte, dass alle ... unwürdig seien). **5.** In derselben Gegend lebte auch Echo. **6.** Diese erblickte den jungen Mann und wurde von derselben Liebe ergriffen wie alle Mädchen. **7.** Sofort folgte sie den

Spuren des Narziss (folgend) und wollte ihn rufen, aber sie konnte (es) nicht. **8.** Ein wenig später sagte Narziss, weil er glaubte, dass er ein Geräusch gehört hatte: **9.** „Wer ist da?“, und „ist da“ hat Echo wiederholt. **10.** Nachdem er (jener) in alle Richtungen geblickt hatte (seine Augen nach allen Seiten gewendet hatte), rief er mit lauter Stimme: „Komm!“ **11.** Diese rief den Rufenden auf dieselbe Weise, dann eilte sie, von Hoffnung erfüllt (angefüllt), auf jenen zu (erstrebte sie jenen). **12.** Jener aber floh und wies das verzweifelte Mädchen mit denselben bösen Worten ab, mit denen er früher alle abgewiesen hatte. **13.** Sie aber verliert, während sie in den Wäldern verborgen ist, ihren Körper und wird auf keinem Berg (mehr) gesehen – gehört aber wird sie von allen. Denn (nur) der Klang ist es, der in ihr (jener) (weiter)lebt.

Lösung zur Prüfungsaufgabe 12

A

1. Indem die Karthager dem römischen Heereszug eine Falle stellten (bereiteten), töteten sie viele Römer und nahmen die (Über-)Reste der Truppen zusammen mit dem Feldherrn Regulus gefangen (ergriffen). **2.** Durch diesen Sieg bewogen (veranlasst), forderten sie vom römischen Senat, ihnen ihre Kriegsgefangenen zurückzugeben (dass ihnen ... zurückgegeben würden). **3.** Deshalb schickten sie Regulus nach Rom, damit er mit dem Senat über den Austausch der Kriegsgefangenen und über die Friedensbedingungen verhandele. **4.** Weil sie nämlich den Regulus für einen ehrenhaften Mann hielten, fürchteten sie nicht, dass dieser seine Soldaten im Stich ließe. **5.** Regulus aber überredete die Senatoren, den Bitten der Feinde Widerstand zu leisten (dass sie ... leisteten). **6.** Dann kehrte er selbst zu den Karthagern zurück, wie er (es) ihnen versprochen hatte, obwohl der Senat ihn bat, nicht zurückzukehren (dass er nicht zurückkehre). **7.** Er wusste zwar / freilich gut, dass die Gefahr bestand, dort getötet zu werden (dass er dort getötet würde). **8.** Er war jedoch (davon) überzeugt, dass es Pflicht eines römischen Feldherrn war / sei, ein gegebenes Wort zu halten.

B **1.** a) obsecraremini b) ducerent c) audires d) deberetis (je richtige Form 1 BE) **2.** a) occisus, a, um esset b) postulavisses c) expulsi, ae, a essent d) superfuissemus (je richtige Form 1 BE) **3.** a) wenn b) dass c) dass nicht d) wenn nicht (je richtige Übersetzung 1 BE) **4.** a) zu viel Zeit b) nichts Neues c) niemand (keiner) von euch (je 1 BE) **5.** in dieser Reihenfolge: Klienten, Ständekämpfe, Zwölftafelgesetz (je richtige Antwort 1 BE)

Lösung zur Prüfungsaufgabe 13

1. Einige Römer hatten folgende Einschätzung (schätzten es so ein): **2.** „Wenn Hannibal Rom angegriffen hätte, wäre die Stadt Beute der Punier geworden (gewesen)." **3.** Denn Hannibal, dem die Römer verhasst waren, hatte in Gewaltmärschen (mit großen Märschen) sein Heer über die Alpen bis zur Stadt (Rom) geführt. **4.** Weil er unser Heer (unsere Schlachtordnung) in allen Schlachten besiegt hatte, hätte er uns sicherlich aus der Stadt (Rom) vertrieben, wenn er diese angegriffen hätte. **5.** Denn wir hätten die Stadt (Rom) nicht verteidigen können, weil wir von den Unglücken des Krieges erledigt (fertig gemacht) waren. 6. Weil die Gefahr bestand, dass wir alle in die Sklaverei abgeführt wurden, hätten wir Hannibal nur bitten können, dass er uns Besiegte schont." **7.** Doch die Römer mussten Hannibal weder Geiseln geben noch Geschenke in Aussicht stellen. **8.** Jener fasste nämlich den Plan, mit dem Heereszug nach Kampanien zu marschieren (vorzurücken). **9.** So gehörte der Sieg schließlich den Römern.

Lösung zur Prüfungsaufgabe 14

1. Du, Herr, hast mit Hilfe der Götter den alten Ruhm des Reiches wiederhergestellt. **2.** In meiner Provinz jedoch vernachlässigen einige Bürger die Verehrung der Götter. **3.** Deshalb frage ich dich aus Sorge um das Reich (von Sorge ... veranlasst): Ist es (etwa) nicht notwendig, gegen diese Christen gewaltsam (mit Gewalt) vorzugehen? **4.** Bis jetzt habe ich die, die anonym (heimlich) bei mir als Christen angezeigt wurden, sofort freigelassen (entlassen), sobald sie geleugnet hatten / haben, Christen zu sein, und unseren Göttern Opfer (dar)gebracht hatten / haben. **5.** Auch andere sind, obwohl sie sagten, sie seien Christen (dass sie ... sind), dennoch freigelassen (entlassen) worden, nachdem sie dieselben Opfer (dar)gebracht hatten. **6.** Nachdem ich zwei Sklavinnen hatte foltern lassen (nachdem ich befohlen hatte, dass ... gefoltert würden), fand ich nichts anderes (heraus) als einen sonderbaren Aberglauben. **7.** Deshalb bitte ich dich, dass du mir in dieser Sache einen Rat gibst. **8.** Leg deine Furcht ab (nieder), mein (lieber) Secundus! **9.** Alles, was (Pl.) von dir ausgeführt worden ist, billige ich (befinde ich für gut). Ich sage dir (meinen) höchsten Dank (teile dir ... zu). **10.** Wenn sie nicht angezeigt werden (Fut. II), wirst du nicht gegen sie vorgehen müssen. **11.** Wenn sie angezeigt worden sind (Fut. II), wirst du sie freilassen (entlassen), sobald sie unseren Göttern geopfert haben.

Lösung zur Prüfungsaufgabe 15

1. Sein Sohn Titus kritisierte Kaiser Vespasian, weil er für den Staat Geld aus Urin eingenommen hatte (erworben / bereitet hatte). **2.** Deshalb fragte Vespasian jenen: „Stört dich etwa der Geruch des Geldes?" („Wirst du etwa durch den Geruch des Geldes ver- A letzt?") **3.** Als jener verneint hatte, bekräftigte sein Vater: „Dennoch ist dieses Geld aus Urin." **4.** Als einige Gemeinden vorhatten, demselben (≈ Kaiser Vespasian) eine Statue aufzustellen, zeigte er persönlich den Abgesandten (den Boten) dieser Gemeinden seine Hand und sagte: „Hier stellt sie (jene) auf!" [Das heißt: „Gebt mir das Geld, das die Statue kosten würde, lieber bar in die Hand!"] **5.** Und nicht einmal in Todesgefahr hörte Vespasian auf, Scherze zu treiben. **6.** Als er nämlich merkte, dass für ihn das Ende des Lebens da war, sagte er: **7.** „Ich glaube, dass ich ein Gott werde (in einen Gott verwandelt werde)." **8.** Als endlich die Todesstunde da war, legte er sich nicht hin, weil er meinte, dass es sich für einen Kaiser gehöre, im Stehen (stehend) zu sterben (an den Tod heranzugehen). **9.** Und während er sich aufrichtete, starb er unter / zwischen den Händen der (ihn) Stützenden.

B **1.** a) cuiusdam b) quendam c) quorundam d) quaedam (je richtige Form 1 BE) **2.** a) Gen. obiectivus: die Angst vor dem Tod, Todesangst (1 BE) b) Gen. subiectivus: die Liebe des Vaters (1 BE); Gen. obiectivus: die Liebe zum Vater (1 BE) c) Gen. subiectivus: die Angst der Kinder (1 BE); Gen. obiectivus: die Angst vor den Kindern (1 BE) d) Gen. subiectivus: das Ende des Lebens / Lebensende (1 BE) **3.** a) als Erster b) als alter Mann c) als junger Mann d) als Einziger (je richtige Übersetzung 1 BE) **4.** a) cum, quia, quod b) cum, dum, postquam, priusquam, ubi primum c) cum, etsi, quamquam d) si, nisi (je richtige Subjunktion 0,5 BE)

Lösung zur Prüfungsaufgabe 16

A **1.** Konstantin hatte erfahren, dass Rom von Maxentius unterdrückt wurde; deshalb eilte er nach dem Friedensschluss mit den Germanen (nachdem er mit den Germanen Frieden geschlossen hatte) sofort nach Italien, um Maxentius anzugreifen (damit er ...). **2.** Auf diese Meldung hin (Nachdem / Als diese Sache gemeldet worden war) verließ Maxentius die sicheren Mauern der Stadt und begann den Kampf mit Konstantin. **3.** Nachdem er (aber) eine Niederlage erlitten (erhalten) hatte, floh er in der Hoffnung (weil er hoffte), dass er den Feind, der ihm hart zusetzte, durch Hinterlist (eine Falle) töten könne. **4.** Es ist bekannt, dass diese Hoffnung Maxentius trog (täuschte). Denn nicht Konstantin, sondern er selbst verlor sein Leben im Fluss, nachdem die Truppen an der Milvischen Brücke aufgestellt worden waren. **5.** Wenig später betrat Konstantin ohne Widerstand (wobei ihm keiner Widerstand leistete) die Stadt, wo er nach Kriegsende (nachdem der Krieg beendet worden war) von allen mit großer Freude begrüßt wurde. **6.** Nachdem alle Gefährten zusammengerufen, Reden gehalten und die Taten Konstantins gelobt worden waren, weihten der Senat und das Volk (von Rom) dem Konstantin die Basilika, deren Bau (die) von Maxentius begonnen worden war.

B

1. a) ineunte: bei Frühlingsanfang b) occidente: bei Sonnenuntergang c) capto: auf den Beschluss hin (nachdem der Beschluss gefasst worden ist / war) d) accepta: auf die Beleidigung / das Unrecht hin; nach der Beleidigung / nach dem Unrecht (weil eine Beleidigung / ein Unrecht erlitten worden ist / war) (je richtige Form 0,5 BE, je richtige Übersetzung 1 BE) **2.** a) Obwohl die Feinde besiegt worden waren, war die Stadt nicht sicher. b) Trotz des Sieges über die Feinde war die Stadt nicht sicher. c) Die Feinde wurden besiegt und trotzdem war die Stadt nicht sicher. (je richtige Übersetzung 2 BE) **3.** a) auf Veranlassung des Maxentius b) zur Zeit des Königs Romulus, unter der Regierung des Romulus c) in Anwesenheit (Gegenwart) der Mutter (je richtige Übersetzung 1 BE) **4.** Beendigung der Christenverfolgungen; Rückgabe des enteigneten Besitzes; Erlaubnis, monumentale Kirchen zu erbauen (je richtige Antwort 1 BE)

Lösung zur Prüfungsaufgabe 17

A

1. Unter der Herrschaft Karls des Großen wurden (sind) Boten mit vielen Geschenken zum Kalifen (König der Perser) geschickt (worden). **2.** Diese erbaten auf Veranlassung Karls vom König, dass es den Christen erlaubt sei, das Grab Jesu aufzusuchen. **3.** Obwohl einige etwas anderes behaupten, hat der Kalif (König) das dennoch nicht verweigert. **4.** Im Gegenteil schickte der Kalif (König) selbst / persönlich Boten mit einem sonderbaren Geschenk zu Karl dem Großen, nachdem er den Zugang zum Grab erlaubt hatte. **5.** Das Geschenk aber war ein riesiger Elefant mit dem Namen „Abul Abbas". **6.** Nachdem er dieses Geschenk gesehen hatte, dankte Karl froh den Boten und nahm den Elefanten an. **7.** Später führte er das Tier oft mit sich, damit er seine Macht zeigte. **8.** Abul Abbas aber starb auf einer (gewissen) Reise – noch zu Lebzeiten Karls (als Karl immer noch lebte).

B

1. a) in Anwesenheit von Bonifatius b) unter der Führung Gottes (je 1 BE) **2.** a) ea re nuntiata b) his verbis dictis c) sole occidente d) bello confecto e) vere ineunte (je 1 BE) **3.** a) Adverbialsatz: Obwohl die Feinde vertrieben worden waren; Präpositionalausdruck: trotz Vertreibung der Feinde b) Adverbialsatz: Weil (Als, Nachdem) die Feinde besiegt worden waren; Beiordnung: Die Feinde waren besiegt worden; deshalb ... c) Präpositionalausdruck: unter dem Feldherrn Hannibal; Adverbialsatz: Als Hannibal Feldherr war ... (je 1 BE) **4.** a) decernere – Beschluss / Erlass b) maximus, a, um – höchster c) exire / exitus – Tod d) praesens – vorzeigen / gegenwärtig machen e) ruere / ruinae – zum Einsturz bringen / zerstören / kaputtmachen (je 0,5 BE)